Mit Ich-AG und Überbrückungsgeld selbstständig

Mandy Zeh und Reinhard Schnell

Haufe

Bibliografische Information der Deutschen Bibliothek
Die Deutsche Bibliothek verzeichnet diese Publikation in der Deutschen Nationalbibliografie; detaillierte bibliografische Daten sind im Internet über http://dnb.ddb.de abrufbar.

ISBN 3-448-06354-1
Bestell-Nr. 00827-0001

Postanschrift: Postfach, 82142 Planegg
Hausanschrift: Fraunhoferstraße 5, 82152 Planegg
Fon: (0 89) 8 95 17-0, Fax: (0 89) 8 95 17-2 50
E-Mail: online@haufe.de
Internet: www.haufe.de
Lektorat: Helmut Haunreiter
Redaktion: Sylvia Rein

Umschlaggestaltung: Simone Kienle, par:two büro für visuelles, 70182 Stuttgart
Umschlagentwurf: Agentur Buttgereit & Heidenreich, 45721 Haltern am See
Druck: freiburger graphische betriebe, 79108 Freiburg

Zur Herstellung der Bücher wird nur alterungsbeständiges Papier verwendet.

TaschenGuides – alles, was Sie wissen müssen

Für alle, die wenig Zeit haben und erfahren wollen, worauf es ankommt. Für Einsteiger und für Profis, die ihre Kenntnisse rasch auffrischen wollen:

- Sie sparen Zeit und können das Wissen effizient umsetzen.
- Kompetente Autoren erklären jedes Thema aktuell, leicht verständlich und praxisnah.
- In der Gliederung finden Sie die wichtigsten Fragen und Probleme aus der Praxis.
- Das übersichtliche Layout ermöglicht es Ihnen, sich rasch zu orientieren.
- Schritt-für-Schritt-Anleitungen, Checklisten, Beispiele und hilfreiche Tipps bieten Ihnen das nötige Werkzeug für Ihre Arbeit.
- Als Schnelleinstieg in ein Thema ist der TaschenGuide die geeignete Arbeitsbasis für Gruppen in Organisationen und Betrieben.

Ihre Meinung interessiert uns. Mailen Sie einfach an die TaschenGuide-Redaktion unter online@haufe.de. Wir freuen uns auf Ihre Anregungen.

Inhalt

Vorwort

Arbeitslosigkeit ist vermutlich für die meisten Menschen keine Situation, die sie sich wünschen. Im Gegenteil – neben der realen existenziellen Bedrohung sind damit häufig Ängste, Frustration, sogar psychische Krisen verbunden. Gelingt es aber, den Blickwinkel zu ändern, kann man darin ein enormes Potenzial erkennen. Arbeitslosigkeit kann der Kick zu einer völligen Neuorientierung sein. Was man, eingebettet in ein sicheres Arbeitsverhältnis, nie gewagt hätte, kann jetzt als „Licht am Horizont" erscheinen: der Schritt in die Selbstständigkeit.

Mit der Ich-AG und dem Überbrückungsgeld gibt es zwei Zuschüsse, die Arbeitslose bei der Existenzgründung unterstützen. Mit anderen Worten: Wer den Schritt in die Selbstständigkeit wagt, bekommt Geld vom Staat. Was müssen Sie tun, um diese Förderungen zu erhalten? Ist die Ich-AG oder das Überbrückungsgeld für Sie attraktiver? Wie laufen die einzelnen Schritte bis zur Gründung ab? Wie stellen Sie schon in der Vorbereitungsphase die Weichen für den künftigen Erfolg Ihres Unternehmens?

Antworten auf diese Fragen erhalten Sie in diesem TaschenGuide. Mit Hilfe zahlreicher Beispiele, Checklisten und Entscheidungshilfen zeigen wir Ihnen auf leicht verständliche Weise, wie Sie den Sprung in die Selbstständigkeit meistern können. Viel Erfolg!

Mandy Zeh und Reinhard Schnell

Existenzgründung – der Staat hilft

Mit einer guten Idee aus der Arbeitslosigkeit zum eigenen Unternehmen – kann das klappen? Ja! Sie haben gute Chancen, wie zahlreiche erfolgreiche Gründungen beweisen. Und der Staat greift Ihnen dabei finanziell kräftig unter die Arme.

Haben Sie Anspruch auf die Zuschüsse?

Arbeitslosigkeit muss nicht zwingend eine zermürbende Situation mit wenig Perspektive sein, sie kann eine große Chance bieten – denn viele gelungene Existenzgründungen erfolgen aus der Arbeitslosigkeit. Doch wie sieht es mit den finanziellen Voraussetzungen aus? Das Arbeitsamt bietet zwei alternative Wege an, um Existenzgründer zu fördern: den Existenzgründungszuschuss, auch als Ich-AG bezeichnet, und das Überbrückungsgeld.

Wege aus der Arbeitslosigkeit

Sowohl die Ich-AG als auch das Überbrückungsgeld sind Zuschüsse und sollen dem Existenzgründer in der Startphase helfen, den Lebensunterhalt zu bestreiten. Während es das Überbrückungsgeld bereits seit 1986 gibt, wurde der Existenzgründungszuschuss erst 2003 eingeführt. Auf Grund der vielen Diskussionen über die Ich-AG geriet auch das weniger bekannte Überbrückungsgeld ins Rampenlicht.

Beide Arten der Förderung unterscheiden sich zum Teil deutlich voneinander. Es hängt von der jeweiligen individuellen Situation ab, welcher der beiden Zuschüsse für den Einzelnen attraktiver ist. Grundsätzlich haben Sie einen Rechtsanspruch auf einen Existenzgründungszuschuss oder auf Überbrückungsgeld – allerdings müssen Sie dafür bestimmte Voraussetzungen erfüllen. Bevor Sie sich damit auseinandersetzen, welche Förderung für Sie die interessantere ist, klären Sie deshalb, ob Sie die Voraussetzungen erfüllen, um einen Existenzgründungszuschuss oder das Überbrückungsgeld zu erhalten.

Beispiel

Frau Bella Beauty ist arbeitslos und hat während der Dauer ihrer Arbeitslosigkeit einen Kurs zur Kosmetikerin und Fußpflegerin mit Erfolg absolviert. Trotz guter Zeugnisse findet sie keine Anstellung in einem Kosmetikgeschäft. Sie hat die Idee, ein Kosmetikstudio zu eröffnen. Ihr Vater hat ihr gegen eine geringe Miete Räume in seinem Haus angeboten. Den Ausbau der Räume sowie die Anschaffung der Ausstattungsgegenstände (Kosmetikstuhl, Fußpflegeset, Material usw.) finanziert sie von ihrem Sparguthaben. Auch erste Kundenkontakte hat sie bereits. Allerdings würden die Einnahmen am Anfang noch nicht ausreichen, um die gesamten Lebenshaltungskosten bestreiten zu können.
Sie geht daher mit ihrem Plan, sich selbstständig zu machen, zu ihrem Arbeitsberater im Arbeitsamt und fragt, ob es denn möglich wäre, einen Existenzgründungszuschuss oder aber Überbrückungsgeld zu erhalten.

Voraussetzungen

Für die Ich-AG (§ 421 SGB III) gilt, dass Sie in einem engen zeitlichen Zusammenhang vor Aufnahme der selbstständigen Tätigkeit mindestens einen Tag lang

- arbeitslos waren und sog. Entgeltersatzleistungen bezogen haben, z. B. Arbeitslosengeld, Arbeitslosenhilfe, Kurzarbeitergeld oder Übergangsgeld bei Umschulung, oder
- eine Beschäftigung ausgeübt haben, die als Arbeitsbeschaffungsmaßnahme gefördert wurde.

In der Regel darf der Erhalt dieser Leistungen nicht länger als einen Monat zurückliegen.

Für das Überbrückungsgeld (§ 57 SGB III) gilt, dass Sie unmittelbar vor Aufnahme der selbstständigen Tätigkeit

- arbeitslos waren und sog. Entgeltersatzleistungen bezogen haben, z. B. Arbeitslosengeld, Arbeitslosenhilfe, Kurzarbeitergeld oder Übergangsgeld bei Umschulung, oder einen Anspruch darauf hätten oder
- eine Beschäftigung ausgeübt haben, die als Arbeitsbeschaffungsmaßnahme gefördert wurde, oder dass Sie
- Arbeitslosigkeit vermeiden möchten – d. h., Sie können nahtlos von einem Angestelltenverhältnis in die Selbstständigkeit übergehen, wenn Sie z. B. gekündigt wurden.

Im Gegensatz zur Ich-AG genügt es für das Überbrückungsgeld, dass Sie lediglich einen Anspruch auf eine Entgeltersatzleistung haben. Sie müssen diese Leistung nicht bezogen haben.

Sozialhilfeempfänger können somit weder einen Existenzgründungszuschuss noch Überbrückungsgeld beantragen.

Damit sind die notwendigen Voraussetzungen noch nicht abschließend genannt. Die folgende Übersicht zeigt Ihnen in einer Gegenüberstellung von Ich-AG und Überbrückungsgeld, worauf Sie außerdem achten müssen, wenn Sie eine der beiden Förderungen in Anspruch nehmen möchten:

Bedingungen	Ich-AG	Überbrückungsgeld
Arbeitseinkommen nach Sozialgesetzbuch	maximal 25.000 € jährlich	keine Begrenzung
Altersgrenze	Vollendung 65. Lj.	Vollendung 65. Lebensjahrs
Unternehmenskonzept und Stellungnahme einer fachkundigen Stelle zur Tragfähigkeit des Existenzgründungsvorhabens	nicht erforderlich, aber geplant (Stand August 2004)	Pflicht
Ausschluss der Förderung	wenn innerhalb von 24 Monaten vor Aufnahme der selbstständigen Tätigkeit bereits eine andere, beendete selbstständige Tätigkeit gefördert wurde	wie Ich-AG

Arbeitslosengeld II

Künftige Empfänger von Arbeitslosengeld II können weder eine Ich-AG gründen, noch erhalten sie Überbrückungsgeld, sondern haben die Möglichkeit, mit einem sog. Einstiegsgeld bezuschusst zu werden. Sie erhalten einen der beiden o. g. Zuschüsse nur dann, wenn ihr Anspruch auf Arbeitslosengeld noch besteht, er ihren Bedarf als Existenzgründer aber nicht deckt. Wenn Sie planen, sich als künftiger Arbeitslosengeld-II-Empfänger selbstständig zu machen, sollten Sie sich über die Entwicklung der Hartz-IV-Gesetzgebung und die aktuellen Regelungen bei Ihrem Arbeitsberater, einem Existenzgründungsberater oder im Internet informieren.

Was ist besser für Sie: Ich-AG oder Überbrückungsgeld?

Welche Förderung ist für Sie attraktiver, der Existenzgründungszuschuss oder das Überbrückungsgeld? Sofern Sie die im vorangegangenen Abschnitt beschriebenen Voraussetzungen und Bedingungen erfüllen, ist das wichtigste Entscheidungskriterium Ihr finanzieller Spielraum.

Was bietet die Ich-AG?

Bei der Ich-AG beziehen Sie 36 Monate lang einen gestaffelten Zuschuss vom Arbeitsamt, den Sie nicht zurückzahlen müssen. Bedingung für den Zuschuss ist, dass Ihr Arbeitseinkommen je Jahr der Förderung 25.000 € nicht übersteigt. Im ersten Jahr beträgt die Förderung montlich 600 €, im zweiten 360 €, im dritten 240 €. Beachten Sie jedoch, dass zum Arbeitseinkommen nicht nur der Jahresgewinn zählt, vielmehr wird auch Arbeitsentgelt, das Sie im gleichen Förderzeitraum erzielen, in diese Obergrenze einbezogen. Der Zuschuss wird für jeweils ein Jahr bewilligt, Sie müssen ihn also jedes Jahr neu beantragen und dabei nachweisen, dass

Ihr Einkommen im abgelaufenen Jahr unter 25.000 € geblieben ist.

Angenommen, Sie erhalten im ersten Jahr einen Existenzgründungszuschuss von 600 € monatlich, erzielen einen Gewinn nach Einkommensteuerrecht von 23.000 €, gehen jedoch noch einer geringfügigen Beschäftigung (sog. Mini-Job) nach, die Ihnen monatlich 200 € bzw. jährlich 2.400 € bringt. Schon ist die Obergrenze von 25.000 € überschritten und der Zuschuss wird Ihnen für das zweite Jahr der Förderung nicht mehr gewährt. Daher müssten Sie im zweiten Jahr der selbstständigen Tätigkeit ohne Zuschuss auskommen und davon Ihren gesamten Lebensunterhalt einschließlich der Beiträge zur Sozialversicherung selbst tragen.

Was bietet das Überbrückungsgeld?

Das Überbrückungsgeld erhalten Sie über einen Zeitraum von sechs Monaten, auch diese Förderung müssen Sie nicht zurückzahlen. Sie setzt sich zusammen aus dem Betrag, den Sie zuletzt als Arbeitslosengeld bezogen haben oder hätten beziehen können und den darauf pauschalierten Sozialversicherungsbeiträgen.

Das Überbrückungsgeld beträgt im bundesweiten Durchschnitt monatlich ca. 1.200 €. Das ist das zusätzliche „Startkapital", das Ihnen im ersten Halbjahr nach Existenzgründung „über die Runden" hilft. Allerdings sind Sie dadurch gezwungen, Ihr Geschäft im ersten Halbjahr so gut aufzubauen, dass Sie nach Wegfall der Starthilfe auf eigenen Beinen stehen können.

Das Überbrückungsgeld wird in Höhe des zuletzt bezogenen Arbeitslosengeldes zuzüglich eines Zuschusses von derzeit ca. 65 % für Sozialversicherungsbeiträge gezahlt. Das heißt, dass Ihr Arbeitslosengeld mindestens 1.455 € betragen muss, um 65 % = 945 € für Sozialversicherungsbeiträge von der Bundesagentur für Arbeit zu erhalten. Dann fahren Sie mit Existenzgründungszuschuss und Überbrückungsgeld gleich. Wenn der Existenzgründungszuschuss drei Jahre lang bezogen wird, beträgt die Förderung 14.400 €. Da das Überbrückungsgeld nur für einen Zeitraum von sechs Monaten gezahlt wird, muss es mindestens 2.400 € monatlich betragen, um den gleichen maximalen Förderungsbetrag zu erhalten.

Für beide Förderungen gilt: Die Zuschüsse selbst zählen nicht zum Arbeitseinkommen.

Wie sollen Sie sich entscheiden?

Die folgende Gegenüberstellung gibt Ihnen einen Überblick über Dauer und Höhe der beiden Förderungen:

Übersicht über Dauer und Höhe der Förderung		
Ich-AG		**Überbrückungsgeld**
1. Jahr: 12 x 600 €	7.200 €	6 x ca. 1.200 € mtl. = durchschnittliches Überbrückungsgeld, das der Existenzgründer in der Regel erhält
2. Jahr: 12 x 360 €	4.320 €	
3. Jahr: 2 x 240 €	2.880 €	
Gesamt:	**14.400 €**	**7.200 €**

Auf den ersten Blick scheint die Ich-AG die attraktivere Förderung zu sein, da die Gesamtsumme des Zuschusses höher ist. Doch ganz so einfach sollten Sie sich Ihre Entscheidung nicht machen. Wie viel „unter dem Strich" für Sie herauskommt, ist nicht das einzig relevante Kriterium. Sie sollten weitere Gesichtspunkte in Ihre Überlegungen einbeziehen. Eine Entscheidungshilfe bietet Ihnen folgende Übersicht über unterschiedliche Argumente für die Ich-AG und das Überbrückungsgeld.

Ich-AG	**Überbrückungsgeld**
Anlaufphase mit eigenen Mitteln realisierbar	Anlaufphase ohne eigene Mittel realisierbar
Einnahmen in den ersten zwei Jahren unter 25.000 €	Einnahmen übersteigen in den ersten zwei Jahren 25.000 €
Nur geringe Investitionen in der Startphase	Kleine bis mittlere Investitionen in der Startphase
Arbeitslosengeld ist gering oder nicht so hoch (z. B. unter 1.400 €)	Arbeitslosengeld ist relativ hoch (z. B. über 1.400 €)
Gesetzliche Krankenversicherung bevorzugt	Private Krankenversicherung bevorzugt
Gesetzliche Rentenversicherung bevorzugt	Private Rentenversicherung bevorzugt

Verteilen sich die positiven Argumente auf beide Arten der Förderung, müssen Sie die Vor- und Nachteile abwägen. In jedem Fall sollten Sie Ihren privaten Finanzstatus sorgfältig prüfen, bevor Sie eine Entscheidung treffen. Ehe Sie im folgenden Abschnitt erfahren, wie Sie einen solchen Finanz-

Check durchführen, sollten Sie sich noch ein paar Gedanken zur privaten Krankenversicherung machen.

Die Vorzüge eines Einzelzimmers, der Chefarztbehandlung sowie eine kürzere Wartezeit beim Arzt treffen nicht immer zu. Was passiert beispielsweise, wenn Sie dringend einen Arzt benötigen und gerade kein Chefarzt da ist oder alle Einzelzimmer von anderen Privatpatienten belegt sind? Zudem ist eine private Absicherung oft teurer als die gesetzliche und in vielen Fällen zahlen Sie die Rechnung für eine medizinische Behandlung erst einmal selbst – und die Erstattung durch Ihre Privatversicherung dauert. Ähnlich ist der Sachverhalt bei der privaten Altersvorsorge. Hier kann man nur von den garantierten Leistungen ausgehen. Diese Aspekte sollten Sie auf jeden Fall bedenken.

Ihr privater Finanzstatus

Wie sieht nun Ihr aktueller privater Finanzstatus aus, wie lauten die Prognosen für die nächsten sechs Monate bzw. für die nächsten drei Jahre? Nehmen Sie sich Ihre gesamten privaten Unterlagen zur Hand und erarbeiten Sie sich folgende Übersicht. Zur Veranschaulichung haben wir für die folgende Tabelle Beispielzahlen verwendet:

Kosten der privaten Lebensführung in €		
Kostenart	**monatlich**	**jährlich**
Miete Wohnung	500	6.000
Rate Kredit Haus		
Strom	50	600 €

Gas	100	1.200
Wasser	40	480
Heizung	60	720
Müll	20	240
Straßenreinigung		
Kehrgebühren		
Reparaturen		
Grundsteuer		
Gebäudeversicherung		
Hausratversicherung	10	120
Haftpflichtversicherung	15	180
Unfallversicherung	20	240
Lebensversicherung	50	600
Berufsunfähigkeitsversicherung		
Rentenversicherung	250	3.000
Krankenversicherung	300	3.600
Bausparkasse		
Kfz-Versicherung	40	480
Kfz-Steuer	12	144
Kfz-Kosten	200	2.400
Kfz-Reparaturen	30	360
Rate Kfz-Finanzierung		
Telefon	50	600
Mobilfunk	60	720
Rundfunk, Fernsehen, Tageszeitung	20	240
Aufwendungen für Kinder	250	3.000
Unterhaltszahlungen Kinder		
Unterhaltszahlungen geschie-		

dener Ehegatte		
Nahrung, Genussmittel, Reinigungsmittel	400	4.800
Kleidung, Schuhe	50	600
Kosmetik, Friseur	40	480
Taschengeld	150	1.800
Beitrag Sportverein	20	240
Sparrate für Notgroschen	30	360
Gesamtbedarf	**2.767**	**33.204**

Ihr künftiges Unternehmen muss die ermittelten Summen erwirtschaften. Rechnen Sie großzügig und lassen Sie Spielraum für unerwartete Ereignisse, wie beispielsweise eine größere Reparatur am Pkw.

Falls Sie einen Lebens- oder Ehepartner mit eigenem Einkommen haben, klären Sie die wichtige Frage, ob und zu welchem Anteil er die privaten Lebenshaltungskosten mit trägt.

Klären Sie die folgenden Fragen:

- Unterstützen mich Familie/Partner in schlechten Zeiten?
- Habe ich selbst ein finanzielles Notpolster?
- Brauche ich die drei Jahre, um mir die eigene Existenz aufzubauen, oder schaffe ich es in sechs Monaten?
- Kann ich nach Ablauf der Förderdauer von den erzielten Einnahmen leben?
- Wie sind die Prognosen über die Einnahmen für die nächsten drei Jahre bzw. sechs Monate?

Sind Sie ein Unternehmertyp?

Wie geht es weiter, wenn Sie die Voraussetzungen erfüllen, um Anspruch auf einen Existenzgründungszuschuss oder auf Überbrückungsgeld zu haben? Die meisten Leser haben vermutlich bisher in einem Angestelltenverhältnis gearbeitet. Was bedeutet es aber, Unternehmer zu sein? Verfügen Sie über die notwendigen persönlichen und fachlichen Voraussetzungen, um den Schritt in die Selbstständigkeit mit realistischen Erfolgsaussichten machen zu können?

Persönliche Kriterien

Nicht jeder ist dafür gemacht, Unternehmer zu sein. Können Sie sich z. B. vorstellen, auch dann noch ruhig zu schlafen, wenn nicht nur Ihre Einnahmen unregelmäßig sind, sondern wenn Sie nach vergeblichen Mahnversuchen erfahren, dass einer oder auch mehrere Ihrer Kunden zahlungsunfähig sind. Behalten Sie dann noch die Nerven?

Hinzu kommt der soziale Aspekt. Zunächst werden Sie versuchen, sämtliche geschäftliche Dinge alleine zu managen. Alleine bedeutet, dass Sie die vollständige Verantwortung alleine tragen, in gemieteten Räumen oder im Büro im eigenen Haus arbeiten. Abgesehen von ein paar Telefonaten mit Lieferanten, Kunden und Geschäftspartnern sind Sie vermutlich ganztägig mit sich selbst beschäftigt. Sie sollten sich die Frage stellen, ob Sie dies mögen oder ob Sie über kurz oder lang nicht die Gespräche, gleich welcher Art, mit Mitarbeitern und Kollegen vermissen werden.

Mut und Wille, sich selbstständig zu machen, reichen allein nicht aus. Selbst wenn Sie die „zündende Idee" haben, sollten Sie Ihre Vorstellungen, Wünsche und deren Realisierbarkeit exakt prüfen. Überlegen Sie genau, was es heißt, selbstständig bzw. Unternehmer zu sein.

Was bedeutet es, selbstständig zu sein?

Selbstständig zu sein, heißt nicht, dass Sie morgens um 8 Uhr oder später aufstehen, in aller Ruhe duschen und dann anschließend gemütlich frühstücken, bevor der Alltag und das Geschäft beginnen. Das können Sie freilich tun, bedenken Sie aber, dass sich dann der Tag für Sie nach hinten verlängert. Dies lässt sich gut gestalten, wenn Sie alleinstehend sind, also ohne familiäre Verpflichtung. Was aber, wenn Sie Partner und Kinder haben?

Die durchschnittliche Arbeitszeit eines Existenzgründers und Unternehmers beträgt 10 bis 14 Stunden täglich.

Neben dieser Zeit fallen noch Haushalt, Kindererziehung, private Verpflichtungen, Weiterbildung und andere Dinge an. Sie sollten sich überlegen, ob Ihnen das dauerhaft zu stressig ist, ob dies der Partner toleriert und vor allem, sofern Sie Kinder haben, ob Ihre Kinder dies akzeptieren.

Testen Sie Ihre persönlichen Voraussetzungen

Am besten ist es, vor Beginn der Existenzgründung den folgenden Selbsttest durchzuführen, der Ihnen zeigt, ob Sie auf Dauer für die Selbstständigkeit geeignet sind. Den Test sollten Sie in aller Ruhe durchführen und sich selbst gegenüber so ehrlich wie möglich sein. Sofern Sie eine Familie haben, ist es ratsam, den Test und die Ergebnisse auch der Familie vorzulegen. Stärken und Schwächen, die Sie selbst oft nicht erkennen, kommen so schneller ans Tageslicht.

Selbst-Check: Sind Sie ein Unternehmertyp?

	ja	nein
Sind Sie davon überzeugt, dass Sie der selbstständige Unternehmer schlechthin sind?		
Können Sie den zukünftigen Unternehmeralltag in zeitlicher Hinsicht einschätzen?		
Können Sie den zukünftigen Unternehmeralltag in Bezug auf Belastung einschätzen?		
Kennen Sie Existenzgründer, die sich vor einiger Zeit selbstständig gemacht haben?		
Kennen Sie Unternehmer, die seit Jahren selbstständig sind?		
Fühlen Sie sich körperlich und seelisch in der Lage, sich selbstständig zu machen?		
Sind Sie bereit, insbesondere in der Anlaufphase, auch an Wochenenden oder in den Abendstunden zu arbeiten?		
Sind Sie bereit, auf Urlaub und Freizeit zu verzichten?		
Können Sie mit Stresssituationen gut umgehen?		
Bewahren Sie einen kühlen Kopf, auch wenn es sehr hektisch zugeht?		
Schlafen Sie schlecht, wenn Sie Ärger oder sehr viel zu tun haben?		

Können Sie mit Rückschlägen gut umgehen?		
Erledigen Sie auch ungeliebte Arbeiten und Aufgaben gleich bzw. termingerecht?		
Können Sie sich von hektischen Tagen oder Stresssituationen schnell erholen?		
Können Sie mit Enttäuschungen gut umgehen?		
Nehmen Sie fremde Hilfe in Anspruch, wenn Sie Probleme nicht selbst lösen können?		
Können Sie mit Kritik gut umgehen und ziehen Sie Ihre Lehren daraus?		
Gehen Sie gerne auf Menschen zu?		
Sind Sie redegewandt und können andere von Ihren Ideen überzeugen?		
Sind Sie in der Lage, sich gut in andere Menschen hinein zu versetzen?		
Können Sie auch dann gut schlafen, wenn Sie unregelmäßige Einkünfte haben?		
Können Sie auch dann noch ruhig schlafen, wenn Sie erfahren, dass einer Ihrer Kunden nicht zahlt?		
Sind Sie bereit, sich während der Zeit der Existenzgründung finanziell einzuschränken?		
Ist Ihre Familie bereit, sich finanziell einzuschränken?		
Können Sie diszipliniert und sparsam mit Geld umgehen?		
Sind Sie dauerhaft bereit, besser zu sein als die Konkurrenz?		

Selbst wenn Sie die Fragen des Tests überwiegend mit Ja beantwortet haben, sollten Sie mit Ihrer Bestandsaufnahme fortfahren: Benutzen Sie die Testfragen als Anregung, um selbstständig oder mithilfe von Freunden oder Familie weiter zu forschen und eine realistische Einschätzung Ihrer persönlichen Voraussetzungen zu treffen. Wenn Sie überwiegend mit Nein geantwortet haben, sollten Sie Ihr Vorhaben noch einmal gut überdenken, da Ihnen vielleicht wichtige Eigenschaften oder Fähigkeiten fehlen, erfolgreich selbstständig zu bleiben.

Weitere wichtige Vorüberlegungen

Der Enthusiasmus der Startphase gibt Kraft und Energie, er sollte aber nicht dazu führen, in der Anfangsbegeisterung „großzügig" über wichtige Vorüberlegungen hinweg zu sehen. Folgende Checkliste dient Ihnen als Orientierungshilfe: Überprüfen Sie daher mit ihrer Hilfe, in welchen Fragen oder Bereichen Sie noch Informations- oder Handlungsbedarf haben, bevor Sie sich endgültig für Ihre Selbstständigkeit entscheiden.

Checkliste: Im Vorfeld der Existenzgründung

	ja	nein
Gründen Sie nicht nur aus der Not heraus?		
Möchten Sie nicht nur die Fördermittel „absahnen?"		
Haben Sie Ihre Geschäftsidee gut durchdacht?		
Sind Sie von den Erfolgsaussichten überzeugt?		
Bestehen bereits Kontakte zu Kunden?		

Bestehen bereits Kontakte zu Lieferanten?		
Bestehen bereits Kontakte zu Kooperationspartnern?		
Haben Sie sich ein zeitliches Ziel gesteckt, um Ihr Unternehmen zum Laufen zu bringen?		
Haben Sie sich ein finanzielles Ziel gesteckt, das Sie mit Ihrem Unternehmen erreichen möchten?		
Kennen Sie Ihre persönlichen Grenzen?		
Kennen Sie Ihre fachlichen Grenzen?		
Kennen Sie Ihre eigenen Risiken?		
Haben Sie mit Ihrer Familie über Ihr Vorhaben gesprochen?		
Unterstützt Sie Ihre Familie?		
Haben Sie ein finanzielles Notpolster, ausreichend für ca. sechs bis zwölf Monate, im Falle von Umsatzeinbußen?		
Würden ihre Angehörigen bzw. Ihr Partner in „Durstzeiten" für Sie aufkommen können?		
Passt Ihre bisherige berufliche Tätigkeit in den Rahmen Ihres Existenzgründungsvorhabens?		
Sind Sie sicher, dass Sie alle fachlichen Voraussetzungen (Zeugnisse, Arbeitsjahre, Meisterbrief etc.) haben?		
Sind Sie mit der Konkurrenz vertraut?		
Nehmen Sie Ihre Konkurrenten ernst?		
Können Sie Ihre Zielgruppe(n) definieren?		
Kennen Sie den nationalen/internationalen		

Markt Ihrer Branche?		
Sind Sie bereit, fachliche Defizite durch Schulungen und Weiterbildungen auszugleichen?		
Wissen Sie, welchen Anforderungen eine Rechnung genügen muss?		
Wissen Sie, was zur Buchführung gehört?		
Wissen Sie, was Kostenrechnung heißt?		
Können Sie Ihre Preise so kalkulieren, dass noch ein Unternehmergewinn übrig bleibt?		
Haben Sie einen Überblick über die wichtigsten Vertragsarten?		
Haben Sie Erfahrungen im Umgang mit Mitarbeitern?		
Sind Sie bereit, Mitarbeiter zu führen?		
Haben Sie erste Erfahrungen im Bereich Marketing gesammelt?		
Haben Sie erste Erfahrungen im Bereich Vertrieb gesammelt?		
Haben Sie bereits Verkaufsverhandlungen geführt?		
Können Sie die zeitliche Dauer von Verkaufsverhandlungen einschätzen?		
Haben Sie einen Berufsverband?		
Wissen Sie, wo Sie sonst noch Rat und Hilfe einholen können?		

Erfüllen Sie die fachlichen Kriterien?

Der Wille zur Selbstständigkeit alleine reicht nicht. Auch wenn Sie davon überzeugt sind, das nötige Know-how zu besitzen, um Ihre Geschäftsidee in die Praxis umzusetzen, brauchen Sie für die meisten Berufe ein „Zertifikat", das Ihre Fachkompetenz offiziell belegt.

Es gibt nur sehr wenige Berufe, die Sie ohne besondere Abschlüsse ausüben können und dürfen. Dazu zählen beispielsweise Tätigkeiten als Musiker, Texter, Autor oder Journalist.

Im Handwerk gibt es schon die ersten Einschränkungen. Für viele Handwerksberufe gilt – trotz verschiedener Lockerungen – noch die Meisterpflicht. Prüfen Sie also vorab, welche Vorschriften für Ihre angestrebte Geschäftsidee gelten.

Das schreibt die Handwerksordnung vor

Am Schluss des Gesetzes zur Ordnung des Handwerks (Handwerksordnung) finden Sie die Anlagen A und B, die genau Auskunft darüber geben, welche Handwerksberufe seit dem 1.1.2004 nur mit einem Meisterbrief ausgeübt werden können und welche von der Meisterpflicht befreit sind. Anlage A umfasst die Handwerksberufe, für deren Ausübung der Meisterbrief vorgeschrieben wird. Die Abschnitte 1 und 2 der Anlage B umfassen die zulassungsfreien Handwerke und alle handwerksähnlichen Gewerke. Für diese Berufe ist kein Meisterbrief erforderlich, jedoch mindestens ein Gesellenbrief oder eine vergleichbare Ausbildung.

Übersicht über die zulassungspflichtigen Handwerke (Anl. A):

Maurer und Betonbauer
Ofen- und Luftheizungsbauer
Zimmerer
Dachdecker
Straßenbauer
Wärme-, Kälte- und Schallschutzisolierer
Brunnenbauer
Steinmetze und Steinbildhauer
Stukkateure
Maler und Lackierer
Gerüstbauer
Schornsteinfeger
Metallbauer
Chirurgiemechaniker
Karosserie- und Fahrzeugbauer
Feinwerkmechaniker
Zweiradmechaniker
Kälteanlagenbauer
Informationstechniker
Kraftfahrzeugtechniker
Landmaschinenmechaniker
Büchsenmacher
Klempner
Installateur und Heizungsbauer
Elektrotechniker
Elektromaschinenbauer
Tischler
Boots- und Schiffbauer
Seiler
Bäcker
Konditoren
Fleischer
Augenoptiker
Hörgeräteakustiker
Orthopädietechniker
Orthopädieschuhmacher
Zahntechniker
Friseure
Glaser
Glasbläser und Glasapparatebauer
Vulkaniseure und Reifenmechaniker

Übersicht über die zulassungsfreien Handwerke (Anlage B, Abschnitt 1):

Fliesen-, Platten- und Mosaikleger
Betonstein- und Terrazzohersteller
Estrichleger
Behälter- und Apparatebauer
Uhrmacher
Graveure
Metallbildner
Galvaniseure
Metall- und Glockengießer
Schneidwerkzeugmechaniker
Gold- und Silberschmiede
Parkettleger
Rolladen- und Jalousiebauer
Modellbauer
Drechsler (Elfenbeinschnitzer) und Holzspielzeugmacher

Holzbildhauer
Böttcher
Korbmacher
Damen- und Herrenschneider
Sticker
Modisten
Weber
Segelmacher
Kürschner
Schuhmacher
Sattler und Feintäschner
Raumausstatter
Müller
Brauer und Mälzer
Weinküfer
Textilreiniger
Wachszieher
Gebäudereiniger
Glasveredler
Feinoptiker
Glas- und Porzellanmeister
Edelsteinschleifer und -graveure
Fotografen
Buchbinder
Buchdrucker: Schriftsetzer, Drucker
Siebdrucker
Flexografen
Keramiker
Orgel- und Harmoniumbauer
Klavier- und Cembalobauer
Handzuginstrumentenmacher
Geigenbauer
Bogenmacher
Metallblasinstrumentenmacher
Holzblasinstrumentenmacher
Zupfinstrumentenmacher
Vergolder
Schilder- und Lichtreklamehersteller

Übersicht über die handwerksähnlichen Gewerke (Anlage B, Abschnitt 2):

Eisenflechter
Bautrocknungsgewerbe
Bodenleger
Asphaltierer (ohne Straßenbau)
Fuger (im Hochbau)
Holz- und Bautenschutzgewerbe (Mauerschutz und Holzimprägnierung in Gebäuden)
Rammgewerbe (Einrammen von Pfählen im Wasserbau)
Betonbohrer und -schneider
Theater- und Ausstattungsmaler
Herstellung von Drahtgestellen für Dekorationszwecke in Sonderanfertigung

Metallschleifer und Metallpolierer
Metallsägen-Schärfer
Tankschutzbetriebe (Korrisionsschutz von Öltanks für Feuerungsanlagen ohne chemische Verfahren)
Fahrzeugverwerter
Rohr- und Kanalreiniger
Kabelverleger im Hochbau (ohne Anschlussarbeiten)
Holzschuhmacher
Holzblockmacher
Daubenhauer
Holz-Leitermacher (Sonderanfertigung)
Muldenhauer
Holzreifenmacher
Holzschindelmacher
Einbau von genormten Baufertigteilen (z. B. Fenster, Türen, Zargen, Regale)
Bürsten- und Pinselmacher
Bügelanstalten für Herrenoberbekleidung
Dekorationsnäher (ohne Schaufensterdekoration)
Fleckteppichhersteller
Klöppler
Theaterkostümnäher
Plisseebrenner
Posamentierer
Stoffmaler
Stricker
Textil-Handdrucker
Kunststopfer
Änderungsschneider
Handschuhmacher
Ausführung einfacher Schuhreparaturen
Gerber
Innerei-Fleischer (Kuttler)
Speiseeishersteller (mit Vertrieb von Speiseeis mit üblichem Zubehör)
Fleischzerleger, Ausbeiner
Appreteure, Dekateure
Schnellreiniger
Teppichreiniger
Getränkeleitungsreiniger
Kosmetiker
Maskenbildner
Bestattungsgewerbe
Lampenschirmhersteller (Sonderanfertigung)
Klavierstimmer
Theaterplastiker
Requisiteure
Schirmmacher
Steindrucker
Schlagzeugmacher

Voraussetzungen für andere Berufszweige

Aber nicht nur im Bereich Handwerk sind bestimmte, genau definierte Voraussetzungen erforderlich.

Beispiel

Für die Eröffnung eines Buchhaltungsbüros ist der Abschluss als Bilanzbuchhalter (IHK) oder eine vergleichbare Ausbildung von Vorteil. Hinzu kommt, dass man in der Regel von einer mindestens dreijährigen Praxis ausgeht.
Ein privater Pflegedienst kann nur von jemandem eröffnet werden, der den Abschluss als Pflegedienstleiter vorweisen kann.

Sie sollten sich vorab genaue Informationen einholen, welche fachlichen Voraussetzungen die beabsichtigte Tätigkeit erfordert. Fragen Sie bei den jeweiligen Berufskammern nach.

Auch für andere berufliche Tätigkeiten sollten Sie weitere Details klären. Denn je nach Art der selbstständigen Tätigkeit können sich die Hauptanforderungen, die an Sie gestellt werden, voneinander unterscheiden. Liegt der Schwerpunkt Ihrer Tätigkeit z. B. im direkten Umgang mit Kunden? Dann spielen äußere Erscheinung, Kontaktfreudigkeit und sprachliche Ausdrucksmöglichkeiten eine wichtige Rolle.

Von der Idee zur erfolgreichen Selbstständigkeit

Sie erfüllen die Voraussetzungen für die Zuschüsse und haben auch schon eine Unternehmesidee? Hier zeigen wir Ihne die nächsten Schritte: Wo müssen Sie die Anträge stellen und was müssen Sie vorbereiten? Wie läuft die Gründung ab? Und natürlich: Was können Sie tun, um erfolgreich selbstständig zu bleiben?

Die wichtigsten Grundfragen klären

Die geeigneten Räumlichkeiten

Ob Sie Räumlichkeiten benötigen und welche Raumgrößen Sie beanspruchen, hängt davon ab, welche Tätigkeit Sie ausführen werden. Wenn Sie z. B. planen, sich als Handelsreisender selbstständig zu machen, brauchen Sie voraussichtlich keine großen Räumlichkeiten. Mit einem PC, einem Schreibtisch und gegebenenfalls einem Musterkoffer sind Sie bestens ausgerüstet. Ihre Kunden müssen Sie nicht in eigenen Räumen empfangen, da die Beratungsgespräche vermutlich bei diesen zu Hause stattfinden.

Was ist aber, wenn Sie sich handwerklich oder als freischaffender Maler betätigen wollen? Oder was ist, wenn Sie ein Kosmetikstudio, ein Fitnesscenter oder ein Büro für Datenverarbeitung (selbstständiger Buchhalter) errichten? Können Sie die Geschäftsräume zu Hause einplanen oder müssen Sie diese extern anmieten?

Hausbesitzer haben den Vorteil, dass Sie eventuell Büro, Atelier oder Werkstatt im eigenen Haus einrichten können, ohne hierfür extra bezahlen zu müssen. Gleichzeitig besteht jedoch der Nachteil, dass sich der private und geschäftliche Lebensbereich schwer trennen lassen. Einerseits ist es nicht einfach, die nötige Arbeitsdisziplin aufzubringen, wenn Sie im eigenen Haus arbeiten, andererseits ist es schwer, genügend Abstand zur Arbeit zu finden: Außer PC, Staffelei oder Werkbank sieht man nichts mehr.

Hinzu kommt, dass man in absehbarer Zeit eventuell Arbeitnehmer einstellen und deren Arbeitsplätze ausstatten muss. Ein privates Haus kann dann schnell zu eng werden.

Denken Sie daher genau darüber nach, wie sich Ihre Tätigkeiten anfangs gestalten werden, wie sich Ihr Geschäft entwickeln könnte, ob Sie beabsichtigen, in naher Zukunft Arbeitnehmer einzustellen, und welche Räume Sie für die Vorbereitung oder Ausführung Ihrer Arbeit benötigen.

Ein weiteres Kriterium für die Wahl der Räumlichkeiten ist, ob Sie Kunden empfangen werden. Nicht zuletzt ist dann auch zu klären, wie gut Sie für Ihren Kundenstamm erreichbar sein müssen und ob es genügend Parkmöglichkeiten gibt.

Schließlich sollten Sie mit Ihrem Vermieter über die gewerbliche Nutzung eines Raumes in Ihrer Wohnung sprechen, wenn Sie von zu Hause aus arbeiten möchten und in einer Mietwohnung leben. Nicht jeder Vermieter ist hier unbedingt verständnisvoll.

Welche Investitionen sind notwendig?

Für manche Tätigkeiten genügt ein Telefon oder PC, andere Unternehmen benötigen erhebliche Investitionen. Führen Sie eine Art Inventur durch: Was haben Sie und was brauchen Sie?

- *Backen Sie anfangs zunächst eher „kleine Brötchen", denn nicht jede Investition ist unbedingt notwendig. Außerdem ist es ein Muss, vor der Realisierung der Investitionen den Geldbeutel genau zu überprüfen.* ▪

Investitionen kosten enorm viel Geld und Sie werden wohl kaum ohne Darlehensaufnahme auskommen. Doch Kredite kosten auch Geld und belasten jeden Monat Ihr finanzielles Budget zusätzlich. Schätzen Sie daher alle Vorteile und Risiken jeder einzelnen Investition genau ein.

Marktchancen beurteilen

Konkurrenz belebt das Geschäft, so heißt es immer wieder. Allerdings bedeutet dies auch, dass man konkurrenzfähig sein und bleiben muss. Betreiben Sie daher ausreichende Recherchen in Ihrem Umkreis.

Beispiel

Sie planen die Eröffnung einer Massagepraxis. Die Stadt, in der Sie wohnen, hat derzeit 70.000 Einwohner. Aus der Tagespresse erfahren Sie, dass die Arbeitslosenquote in der Region bei 16 % liegt und immer mehr jüngere Menschen in andere Gebiete abwandern. Aus den gelben Seiten und den örtlichen Telefonbüchern erfahren Sie, dass es im Umkreis bereits 70 Massagepraxen gibt. Sie greifen zum Telefonhörer und fragen bei den einzelnen Anbietern nach dem Preis für eine Behandlung. Nach der Umfrage wissen Sie, dass der Preis zwischen 11 € und 18 € liegt.

Von der Industrie- und Handelskammer erfahren Sie außerdem, dass zwar die Zahl der Praxen gleich bleibt, jedoch auf zehn Neugründungen auch zehn Schließungen kommen. Wenn Sie das nicht entmutigt, sollten Sie sich überlegen, wie Sie zu Stammkunden kommen und Ihre Entscheidung so gestalten, dass Ihr Unternehmen lebensfähig ist.

Erstellen Sie eine Checkliste zu den Standortfaktoren. Gegebenenfalls müssen Sie die folgende Checkliste an Ihre individuelle Situation anpassen, da für Ihr Vorhaben möglicherweise weitere oder andere Kriterien relevant sind:

Checkliste: Standortfaktoren

- Einwohnerzahl
- Altersstruktur der Bevölkerung
- Arbeitslosenquote
- Zahl gleicher oder ähnlicher Unternehmen
- Zahl der Pleiten gleicher oder ähnlicher Unternehmen in den letzten Jahren
- Was wird angeboten?
- Sonderangebote, Sonderaktionen
- Wie nehmen Kunden das Angebot an?
- Bieten Sie etwas an, was die Konkurrenten nicht haben?
- Wie ist die mobile Erreichbarkeit?
- Was tun andere, um Kunden zu gewinnen?
- Käuferverhalten

Unternehmensform wählen

Die meisten Neustarter fangen als „Einzelkämpfer" an, d. h. sie gründen ein Einzelunternehmen. Denkbar ist aber auch die Gründung einer GbR (Gesellschaft bürgerlichen Rechts) oder einer OHG (Offenen Handelsgesellschaft). Eine Existenzgründung in der Rechtsform einer GmbH (Gesellschaft mit beschränkter Haftung) ist bei Ich-AG und Überbrückungsgeld eher untypisch.

Weitere Informationen zur geeigneten Unternehmensform finden Sie im TaschenGuide „Existenzgründung". Details zu den verschiedenen Unternehmensformen und dazu, was sich in Ihrem Fall anbietet, erfahren Sie bei einem Steuerberater, Wirtschaftsprüfer oder Fachanwalt. Nehmen Sie sich die Zeit für eine Beratung.

Eigene Idee umsetzen oder Franchising?

Viele Existenzgründer ziehen es vor, ihre eigene Geschäftsidee umzusetzen und daraus Kapital zu schlagen. Man sollte ja auch das tun, was man gerne macht. Ein leidenschaftlicher Musiker wird mit Sicherheit keine Strümpfe verkaufen wollen. Der Nachteil der Umsetzung der eigenen Idee ist jedoch, dass man sämtliche Risiken trägt, die eine selbstständige Existenz mit sich bringt. Deshalb hat sich in den letzten Jahren das Franchising stärker durchgesetzt.

Hauptmerkmale des Franchisings sind, dass der Franchisegeber dem Franchisenehmer geschäftliches Know-how überlässt, der Franchisenehmer aber ein vorgeschriebenes einheitliches Auftreten haben muss und auch die vorgeschriebenen Geschäftsbezeichnungen und Markenzeichen sowie das vorgeschriebene Equipment des Franchisegebers übernehmen muss. Rechtlich ist der Franchisenehmer selbstständig. Allerdings darf er auch nur die vom Franchisegeber festgelegten Waren und Dienstleistungen anbieten. Der Franchisenehmer zahlt für die Überlassung des Know-hows eine so genannte Einstiegsgebühr und erhält dafür Schulungen, Einarbeitung und Support in Sachen Information über rechtliche und wirtschaftliche Fragen. Er muss aber einen bestimmten Warenbezug haben und ist verpflichtet, den Vertrieb zu fördern.

Ein Franchise-Vertrag ist mit vielen Vor- und Nachteilen sowie Rechten und Pflichten für beide Seiten verbunden. Ob ein Franchising für Sie in Frage kommt, hängt von der konkreten Situation ab, eine allgemeingültige Antwort kann an dieser Stelle nicht gegeben werden. Beachten Sie deshalb bitte: Bevor Sie ein Franchising eingehen, bedarf es genauester Informationen sowie einer langfristigen Marktbeobachtung.

Preise richtig gestalten

Viele Unternehmer scheitern, weil Sie glauben, dass sie mit so genannten „Dumpingpreisen" die Konkurrenz ausschalten können. Dieses Konzept funktioniert jedoch nicht dauerhaft. Analysieren Sie daher die Preise Ihrer Konkurrenten und fragen Sie sich, ob diese Preise für Sie realistisch sind. Denn nur so können Sie entscheiden, ob sich Ihr künftiges Unternehmen hinsichtlich des finanziellen Rahmens tragen wird. Verkaufen Sie sich nicht für „einen Appel und ein Ei". Beschaffen Sie sich Listen der Preise, die für Ihr Unternehmen maßgeblich sind. Dies können Gebührenordnungen, Richtlinien oder Branchentabellen sein. Hilfestellung geben Ihnen beispielsweise die IHK, die Handwerkskammern oder Berufsverbände.

Das Unternehmenskonzept

Ohne das Unternehmenskonzept gibt es kein Überbrückungsgeld. Hinter dem Begriff Unternehmenskonzept, auch Businessplan genannt, versteckt sich jedoch etwas im Grunde ganz Einfaches: die schriftliche Fixierung einer Geschäftsidee, das Konzept für ihre Umsetzung und finanziellen Auswirkungen. Bestandteile sind u. a.

- Beschreibung des Unternehmens, der Produkte oder Dienstleistungen,
- Marktchancen des Unternehmens,
- Wettbewerbssituation,
- Zukunftsaussichten,
- Finanzplan mit Investitions- und Kapitalbedarfsplan,
- Angaben zur fachlichen und persönlichen Qualifikation des Existenzgründers.

Obwohl das Unternehmenskonzept keine Voraussetzung für die Beantragung des Existenzgründungszuschusses ist, empfiehlt es sich aus mehreren Gründen, ein solches Konzept zu erstellen: Sie sind zum einen gezwungen, sich über Ihre Idee sehr genaue Gedanken zu machen und die Ergebnisse schriftlich zu formulieren. Dies führt zu größerer Klarheit. Zum anderen werden Sie ohne ein Unternehmenskonzept keinen Kapitalgeber gewinnen können: Die Bank verlangt bei Kreditverhandlungen die Vorlage eines Businessplans.

Das Unternehmenskonzept fällt je nach Branche unterschiedlich aus. Ein „Patentrezept" kann deshalb an dieser Stelle nicht gegeben werden. Es empfiehlt sich dringend, ein solches Konzept nicht ohne kompetente Hilfe zu erstellen - nicht zuletzt, weil man über ausreichende betriebswirtschaftliche Kenntnisse verfügen muss, um ein Unternehmenskonzept zu verfassen. IHK, Berufsverbände/-kammern, Steuerberater, Wirtschaftsprüfer und Rechtsanwälte verfügen über branchengerechte Konzepte und Businesspläne (siehe auch Ansprechpartner, S. 122).

Ziehen Sie eine der oben genannten fachkundigen Stellen zu Rate, wenn Sie ein Unternehmenskonzept erstellen.

Zur Veranschaulichung zeigt Ihnen das folgende Beispiel ein einfaches Unternehmenskonzept, an dessen Aufbau Sie sich orientieren können:

Beispiel

Sie kennen inzwischen Bella Beauty, die Kosmetikerin. Zunächst war sie noch skeptisch und hat versucht, doch wieder eine Anstellung zu finden. Nach erfolglosen Bewerbungsschreiben macht sie jetzt „Nägel mit Köpfen" und erstellt ein Existenzgründungskonzept, das folgenden Aufbau hat:

- Deckblatt mit Firmenbezeichnung, Namen, Anschrift, Telefon- und Faxnummer sowie dem aktuellen Datum
- 1. Blatt: Beschreibung zur Person und zur Geschäftsidee (und die folgenden Punkte jeweils auf einem eigenen Blatt)
- 2. Blatt: Beschreibung der Entwicklungsphase, des Management, der Organisation
- 3. Blatt: Beschreibung des Marketings
- 4. Blatt: Beschreibung des Wettbewerbsvorteils
- 5. Blatt: Beschreibung des Leistungsumfanges
- 6. Blatt: Preiskalkulation
- 7. Blatt: Umsatz- und Rentabilitätsvorschau
- 8. Blatt: Beschreibung des Kapitalbedarfs zur Anlauffinanzierung

Existenzgründungskonzept (Muster Deckblatt)
Aufbau eines Kosmetikstudios
Bella Beauty „Schönheitsfarm" Inhaberin Bella Beauty Jungbrunnenstraße 1 23456 Musterstadt Telefon: 0 12 34/5 67 89 Telefax: 0 12 34/56 78 90
Musterstadt, 30. Juni 2004

Bella Beauty, „Schönheitsfarm" (Muster Blatt 1)
Die Geschäftsidee
Ich bin ein vielseitiger Mensch mit zahlreichen Interessengebieten. Da auf dem Arbeitsmarkt für mich als gelernte Kosmetikerin leider keine Anstellung zu finden ist, habe ich mich nun entschlossen, meinen lange gehegten Wunsch vom eigenen Kosmetiksalon wahr werden zu lassen. Neben meiner Ausbildung zur Kosmetikerin habe ich die Ausbildungen zur medizinischen Fußpflegerin und Nageldesignerin mit Erfolg absolviert. Mit diesen Grundlagen kann ich meine Hobbies mit dem Beruf in Einklang bringen. Denn die gestalterischen und handwerklichen Arbeiten machen mir seit Jahren sehr viel Spaß. Hinzu kommt meine Freude am Umgang mit Menschen sowie die Sorge um deren Wohlbefinden. Hierin soll auch mein Hauptbetätigungsfeld bestehen.
Die Eröffnung soll am 15.7.2004 stattfinden.
Neben dem Aufbau eines festen Kundenstamms werde ich auch Hausbesuche durchführen. Dies bietet sich gerade für ältere oder behinderte Menschen gut an.
Die Leistungen erfolgen ausschließlich von mir, das heißt also aus eigener Hand. Somit sind Qualität und Vertrauen garantiert.

Bella Beauty, „Schönheitsfarm" (Muster Blatt 2)
Entwicklungsphasen
1. Die Räumlichkeiten werden von mir selbst in Eigenleistung eingerichtet und umgebaut.
2. Die notwendigen Arbeitsgeräte und Einrichtungsgegenstände habe ich durch Eigenmittel finanziert.
3. Vor der Geschäftseröffnung fertige ich Werbeflyer, lasse Visitenkarten drucken und schalte Anzeigen in der Presse. Kurz vor der Eröffnung werde ich Werbespots im lokalen Radio senden lassen.
Management und Organisation
Buchhaltung und Steuern: Ich habe einen Grundkurs zum Thema an der IHK absolviert. Die vorbereitenden Arbeiten, wie das Abheften aller Belege, erledige ich selbst. Die eigentlichen Buchhaltungsarbeiten werden von einem Steuerbüro erledigt. Dieses Steuerbüro hat auch einen Coaching-Vertrag mit dem Arbeitsamt und wird mich während einer Startphase von einem Jahr unterstützen.
Personal: Ich werde in absehbarer Zeit kein Personal, auch keine Aushilfskräfte beschäftigen.
Leistungsumfang: Schwerpunkte meiner Tätigkeit werden Kosmetikbehandlungen sein. Hinzu kommen Fußpflege und Nageldesign. Außerdem werde ich Verträge mit Theatern und Kindereinrichtungen abschließen, um dort Künstler zu visagieren sowie Kinder für Feste zu schminken. Zweimal wöchentlich werde ich private Hausbesuche durchführen.
Produktauswahl: Meine gewählten Produkte sind sehr verträglich und werden unter strenger Kontrolle sowie auf natürlicher Basis hergestellt. Wenn Kunden jedoch mit ihren eigenen herkömmlichen Produkten behandelt werden möchten, bin ich flexibel und berücksichtige die Kundenwünsche.

Bella Beauty, „Schönheitsfarm" (Muster Blatt 3)
Marketing
Marketinggrundsatz: Grundsätzlich vertraue ich auf Mundpropaganda. Es ist meines Erachtens die beste Werbemöglichkeit und hat sich seit sehr langer Zeit bewährt.
Werbematerialien: Visitenkarten, Flyer und eine eigene Homepage sind natürlich von Vorteil, wenn es darum geht den Bekanntheitsgrad zu erhöhen. Ich werde zudem in Kindereinrichtungen gehen, an Krankenhäuser und Pflegeheime herantreten, um meine Leistungen anzubieten. Nach und nach werde ich Bonuskarten einführen, um die Kundentreue zu belohnen.
Imagepflege: Der Aufbau eines seriösen Images ist oberstes Gebot. Erste Kundenkontakte müssen durch intensive persönliche Beratung und Betreuung ausgebaut und erweitert werden. Neben den regulären Öffnungszeiten werde ich auch Termine nach Absprache an den Abenden oder gar an Wochenenden und Feiertagen vereinbaren. Sofern ich zu Hausbesuchen unterwegs bin, wird ein Anrufbeantworter geschaltet. Nach der Rückkehr werden die Kunden sofort zurückgerufen. So hat der Kunde die Möglichkeit einer individuellen Terminplanung. „Der Kunde ist König."

Bella Beauty, „Schönheitsfarm" (Muster Blatt 4)
Wettbewerbsvorteil
Häufiges Problem bei der Existenzgründung ist die Überwindung der Marktwiderstände. Konkret ausgedrückt heißt das, dass ein Kundenstamm aufgebaut und erhalten sowie der Bekanntheitsgrad des Unternehmens erweitert werden muss. Nicht zuletzt spielen Öffnungszeiten, der Standortvorteil und die Konkurrenzanalyse eine große Rolle.
Öffnungszeiten: Montag und Dienstag: 9 bis 19 Uhr Mittwoch: Hausbesuche und Termine nach Vereinbarung

Donnerstag und Freitag: 9 bis 19 Uhr Samstag: 9 bis 14 Uhr
Standortvorteil: Mein Unternehmen liegt außerhalb des Stadttrubels in einer ruhigen Wohngegend. Gerade richtig zum Entspannen und Abschalten. Dennoch ist die Verkehrsanbindung sehr gut, denn es fahren Stadtbus und Straßenbahn bis fast vor die Haustür. Zudem befinden sich vier Kundenparkplätze vor dem Geschäft.
Konkurrenzanalyse: Es gibt in Musterstadt sehr viele Kosmetiksalons. Aber mein Geschäft zeichnet sich durch die flexiblen Öffnungszeiten, gute Parkmöglichkeiten sowie durch besonderes fachliches Know-how aus. Zudem spielt das Preis-Leistungs-Verhältnis eine große Rolle.

Bella Beauty, „Schönheitsfarm" (Muster Blatt 5)
Leistung, Arbeitsmittel, Material
Leistungsumfang: Die Leistungen umfassen kosmetische Behandlungen, Fußpflege, Kinderschminken und Nageldesign. Die Leistungen werden nur von mir im eigenen Geschäft erbracht. Für Hausbesuche verwende ich den eigenen Pkw.
Arbeitsmittel: Die Grundausstattung an Geräten, Kabinett- und Verkaufswaren habe ich bereits käuflich erworben und aus privaten Mitteln vorfinanziert.
Materialeinkauf: Es sollen nicht nur billige Produkte angeboten werden, sondern vielmehr Produkte, die auf gute Verträglichkeit zielen und zudem auf natürlicher Basis produziert werden. Ich habe einige Lieferanten, die mir auch günstige Einstiegsangebote offerieren. Es bestehen keine Verpflichtungen zur Abnahme von Mindestmengen und ich kann die Produkte auf jeden einzelnen Kunden abstimmen.

Bella Beauty, „Schönheitsfarm" (Muster Blatt 6)		
Preiskalkulation		
Behandlung	Preis pro Behandlung	Anzahl Kunden pro Woche
Kosmetik	32,00 €	10
Nageldesign	55,00 €	5
Fußpflege Hausbesuche	15,00 €	8
Fußpflege	13,00 €	5
Die Behandlungszeiten betragen für Kosmetik jeweils 90 Minuten, für Nageldesign jeweils 120 Minuten, für Fußpflege (Hausbesuche) jeweils 75 Minuten und für Fußpflege im Haus jeweils 45 Minuten.		
Der Gesamtumsatz pro Woche ohne zusätzliche Aufträge beträgt demnach 780,00 €. Der zeitliche Rahmen beträgt ca. 39 Stunden. Der Umsatz pro Stunde beträgt nach dieser Kalkulation 20 €. Dies liegt im Bereich der marktüblichen Gegebenheiten.		

Umsatz- und Rentabilitätsvorschau in € (Muster Blatt 7)				
Jahr	2004	2005	2006	2007
Betriebseinnahmen	17.000	34.000	39.000	39.000
Zwischensumme Betriebseinnahmen	17.000	34.000	39.000	39.000
Betriebsausgaben				
Raummiete/Raumkosten	1.800	3.600	3.600	3.600
Waren, Material	9.000	12.000	15.000	15.000
Personalkosten	keine	keine	keine	keine
Abschreibungen				
Geringwertige Wirtschaftsgüter	400	400	400	400
Betriebs- und Geschäftsausstattung	300	600	600	600
Büromaterial	200	280	300	300
Porto	100	220	240	240

Telefon/Internet	600	1.200	1.400	1.600
Haftpflichtversiche-rung	270	540	540	540
Beiträge	90	180	180	180
Fortbildungskosten	200	500	500	500
Reisekosten	400	700	700	700
Beratungskosten	400	500	500	500
sonstige Kosten	1.500	400	500	500
Kfz-Kosten	keine	keine	keine	keine
Zwischensumme Betriebsausgaben	15.260	21.120	24.460	24.660
Gewinn vor Steuern	1.740	12.880	14.540	14.340

Kapitalbedarf zur Anlauffinanzierung in € (Muster Blatt 8)		
Anschaffung Einrichtung, Nutzungsdauer vier Jahre		2.400
Anschaffung GWG		400
Grundstock Material, Waren		9.000
sonst. Betriebsausgaben (ohne GWG u. Abschr.)		5.560
Gesamtsumme		17.360
Umsatzerlöse	./.	17.000
verbleiben		360
Einlage Sparguthaben	./.	200
verbleiben		160
Privatdarlehen Eltern	./.	160
verbleiben		0
Lebenshaltung		18.000
Ehegatte sorgt für Lebenshaltung während Anlaufzeit	./.	18.000
verbleiben		0

In diesem Plan ist zu erkennen, dass Bella Beauty von ihrem Ehemann tatkräftig unterstützt wird. Sie kann somit auf die Aufnahme von Fremdmitteln verzichten.

Brauchen Sie einen Bankkredit?

Was ist aber, wenn Sie keine familiäre Unterstützung erhalten? Erhalten Sie einen Bankkredit? Es gibt sehr viele Programme, die Existenzgründern und Jungunternehmern in der Startphase unter die Arme greifen.

Kredite von Banken sind aber teuer. Überlegen Sie sich genau, ob Sie dies in Kauf nehmen möchten. Gerade wenn Anschaffungen geplant sind, sollten Sie sich deren Nutzen genau überlegen. Muss es zudem ein neues Wirtschaftsgut sein oder gibt es die Möglichkeit, auf gut erhaltene, funktionstüchtige gebrauchte Anlagen zurückzugreifen?

Weitere Informationen zum Thema Kredite finden Sie im TaschenGuide „Existenzgründung".

Der Weg zum Arbeitsamt

Nachdem Sie Ihre Ziele und Erwartungen abgesteckt und Ihre Idee zum Konzept entwickelt haben, sollten Sie den Gang zum Arbeitsamt wagen. Vereinbaren Sie mit Ihrem zuständigen Berater bzw. Vermittler einen Termin und teilen Sie ihm am besten schon vorab mit, was Sie mit ihm besprechen wollen. So hat auch Ihr Berater die Chance, sich optimal auf das Gespräch vorzubereiten.

Geduld und Freundlichkeit lohnen sich

Bedenken Sie, dass die Angestellten im Arbeitsamt auch nur Menschen sind, die tagtäglich mit Unmengen von Anträgen,

Formularen und Gesprächen zu tun haben und daher nicht jeden Einzelfall bis ins Detail im Kopf haben können. Bewahren Sie also Ruhe und Geduld, auch wenn Sie einmal etwas Wartezeit in Kauf nehmen müssen.

Selbst wenn Sie der vielen Gänge zum Arbeitsamt längst überdrüssig sind, denken Sie daran, dass es nur noch wenige Male sind, die Sie dort vorsprechen. Freilich ist die Stimmung bei den meisten Menschen, die dieses gut besuchte Amt betreten, nicht besonders gut und lange Wartezeiten u.a. machen den Besuch nicht immer angenehm. Bleiben Sie dennoch freundlich und denken Sie daran, was Sie vorhaben.

Vorbereitung für das Gespräch mit dem Berater

Schildern Sie Ihrem Arbeitsberater sachlich und detailliert Ihr Vorhaben. Am besten ist es, wenn Sie „etwas in der Hand haben". Das bedeutet, Sie sollten geeignete Unterlagen in Schriftform vorlegen können. Abgesehen davon, dass Ihr Vorhaben dadurch überzeugender wirkt, können Sie viel Zeit sparen. Geeignete Unterlagen können sein:

- Ihr Unternehmenskonzept
- Empfehlung durch einen Unternehmensberater oder eine andere fachkundige Stelle (z. B. IHK, Handwerkskammer, Berufs- oder Branchenverband)
- Zeugnisse, die Ihre Befähigungen und Qualifikationen zeigen
- Ihr bisheriger beruflicher und persönlicher Lebenslauf
- Nachweis über Teilnahme an einem Existenzgründerseminar (z. B. IHK)

Ihr Berater wird mit Ihnen das Vorhaben detailliert besprechen. Außerdem wird er noch einmal mit der Frage, ob ein Existenzgründungszuschuss oder das Überbrückungsgeld sinnvoller wäre, auf Sie zukommen und Ihnen seine fachliche Meinung darlegen. Zudem wird er Ihnen mitteilen, wie lange Sie noch Anspruch auf Arbeitslosengeld hätten.

Nebenberufliche Tätigkeiten

Der Berater wird Ihnen auch den Vorschlag unterbreiten, die beabsichtigte Existenzgründung noch etwas hinauszuzögern und ggf. die selbstständige Tätigkeit im Rahmen einer Nebenbeschäftigung auszuüben.

Vorteile dieser Variante sind, dass Sie neben der freiberuflichen oder gewerblichen Tätigkeit noch Arbeitslosengeld beziehen und somit kein Geld verschenken.

Nachteile sind jedoch, dass die nebenberufliche Tätigkeit nur 15 Wochenstunden betragen darf, Sie weiterhin für die Arbeitsvermittlung zur Verfügung stehen und Sie eventuell bei einer späteren Antragstellung auf Existenzgründungszuschuss oder Überbrückungsgeld Probleme bekommen könnten, weil das Gewerbe oder die freiberufliche Tätigkeit schon bestehen und es sich insofern nicht mehr um eine Neugründung handelt.

Denken Sie vor dem Termin mit dem Berater über diesen Sachverhalt nach. Es ist eine Entscheidungshilfe für die Argumentation bei dem Beratungsgespräch.

Anträge stellen

Nachdem alle Bedenken, auch die Ihres Arbeitsberaters, ausgeräumt sind, händigt er Ihnen die entsprechenden Antragsformulare aus.

Die Antragsformulare

Die Formulare um einen Existenzgründungszuschuss bzw. das Überbrückungsgeld zu beantragen, sind unterschiedlich. Auf den folgenden Seiten finden Sie die entsprechenden Muster.

Antrag auf Gewährung eines Existenzgründungszuschusses zur Aufnahme einer selbständigen Tätigkeit

Zutreffendes bitte ankreuzen ☒ oder ausfüllen

Vermerke der Agentur für Arbeit

Tag der Antragstellung:

☐ Alg-/☐ Alhi-Bezug

☐ andere Leistung:

___

☐ ABM/ SAM Teilnehmer

bis: ___

RVNr.

WKL (EXGZ)

1. Ich werde am ___ eine mehr als kurzzeitige, hauptberufliche selbständige Tätigkeit als

___

in ___

aufnehmen und beantrage hierfür einen **Existenzgründungszuschuss.**

2. Kurzbeschreibung des Existenzgründungsvorhabens:

___

___

___

___

___

2.1	Ich bin in eine persönliche Abhängigkeit eines Auftraggebers, insbesondere durch örtliche, zeitliche, inhaltliche oder fachliche Weisungen eingebunden.	☐ ja	☐ nein
2.2	Ich bin in die Organisation eines Auftraggebers, insbesondere durch die Zusammenarbeit mit Mitarbeitern des Auftraggebers oder durch die Arbeit mit Arbeitsmitteln des Auftraggebers eingebunden.	☐ ja	☐ nein
2.3	**Unternehmerrisiko:**		
	Eigenes Unternehmerrisiko (z.B. eigene Geschäftsräume, eigenes Betriebskapital)?	☐ ja	☐ nein
	Eigenes Auftreten am Markt?	☐ ja	☐ nein
	Angemessene Verteilung von Chancen und Risiken (z.B. eine örtliche, zeitliche oder inhaltliche unternehmerische Freiheit, eigener Kundenstamm, freie Preisgestaltung)?	☐ ja	☐ nein
3.	Für die Ausübung der selbständigen Tätigkeit ist eine Erlaubnis oder Zulassung erforderlich (z.B. Eintragung in die Handwerksrolle, Zulassung der Kammer etc.). **Wenn ja,** Nachweis in Kopie beifügen	☐ ja	☐ nein

- Seite 2 -

4. Mein Arbeitseinkommen aus der selbständigen Tätigkeit beträgt voraussichtlich im

ersten Jahr ______ Euro.

5. Ich erziele noch Arbeitsentgelt aus einer anderen Beschäftigung. ☐ ja ☐ nein

Wenn ja,

in Höhe von ________ Euro jährlich. Dafür wende ich ca. _______Wochenstunden auf.

Für meine selbständige Tätigkeit wende ich künftig ca. _________Wochenstunden auf.

6. Ich habe bereits in der Vergangenheit einen Existenzgründungszuschuss oder Überbrückungsgeld zur Förderung der Aufnahme einer selbständigen Tätigkeit erhalten. ☐ ja ☐ nein

Wenn ja,

letzter Bezug: __________bei der Agentur für Arbeit

in: ____________________________

7. Mein derzeitiger Rentenversicherungsträger ist die ☐ BFA Berlin

☐ LVA ________________

☐ Sonstige: ____________

Ich beziehe eine Rente wegen teilweiser Erwerbsminderung oder wegen Berufsunfähigkeit oder eine Rente für Bergleute. ☐ ja ☐ nein

Ich habe eine solche Rente beantragt, und zwar_________________________________ ☐ ja ☐ nein

8. Die Leistungen bitte ich an ____________________ (Name) ________________ (Kontonummer)

bei ______________________ (Geldinstitut) ________________ (Bankleitzahl) zu überweisen.

Erklärung

- Ich versichere die Richtigkeit meiner Angaben. Ich werde der Agentur für Arbeit **unverzüglich** alle Änderungen mitteilen, die Auswirkungen auf die Leistung haben könnten.

  Die Hinweise zur Förderung der Aufnahme einer selbständigen Tätigkeit mit einem Existenzgründungszuschuss habe ich erhalten und zur Kenntnis genommen.

  Das **Merkblatt 3 – Vermittlungsdienste und Leistungen für Arbeitnehmerinnen und Arbeitnehmer** -, in dem auch auf die Mitteilungspflichten und den Datenschutz hingewiesen ist (Nr. 10), habe ich erhalten und von seinem Inhalt Kenntnis genommen.

______________________ (Ort, Datum) ______________________ (Unterschrift Antragsteller)

Die Richtigkeit der Änderung/Ergänzung zu Nummer(n)_________ wird bestätigt____________________
(Unterschrift Antragsteller)

BA PP 54 - EXGZ 1 03/04

Nur von der Agentur für Arbeit auszufüllen !

Stellungnahme zum Antrag

Liegen Versagungsgründe vor ? ☐ ja ☐ nein

Wenn ja,

☐ Antragsteller hat in engem zeitlichen Zusammenhang (bis zu einem Monat) mit der Aufnahme der selbständigen Tätigkeit keine

☐ Entgeltersatzleistungen nach § 116 SGB III bezogen

☐ Beschäftigung ausgeübt, die als ABM nach §§ 260-271 SGB III oder als SAM nach §§ 272-279 SGB III (in der bis 31.12.03 gültigen Fassung) gefördert worden ist.

☐ verspätete Antragstellung; unbillige Härte gem. § 324 (1) SGB III liegt nicht vor

☐ Arbeitslosigkeit wird nicht beendet

☐ keine Anmeldung beim Gewerbeamt bzw. Finanzamt

☐ Arbeitseinkommen beträgt voraussichtlich mehr als 25.000 ▯

☐ Bezug eines Existenzgründungszuschusses oder von Überbrückungsgeld in den letzten 24 Monaten; besondere Gründe liegen nicht vor

☐ Antragsteller bezog vor Aufnahme der selbständigen Tätigkeit Eingliederungshilfen nach § 418 SGB III

☐ keine hauptberufliche Ausübung der selbständigen Tätigkeit, da überwiegend andere Beschäftigungen ausgeübt werden

☐ Sonstige Versagungsgründe ______________________

____

____

____

(Datum /Unterschrift/)

Entscheidung

Existenzgründungszuschuss nach § 421 I SGB III wird ☐ abgelehnt ☐ bewilligt

ab_ ________ bis _ ________ in Höhe von ________ Euro monatlich.

Ablehnungsgründe: ☐ siehe Stellungnahme ☐ ______________________

____

____

Im Auftrag

Datum /Entscheidungsbefugter

In Bewa eintragen ________ Datum ________ Nz.

In coLei abmelden ________ Datum ________ Nz.

Verfügung

1. ☐ Existenzgründungszuschuss wird abgelehnt
   ☐ Existenzgründungszuschuss wird bewilligt ab ________ bis ________
   in Höhe von ________ Euro monatlich
2. ☐ Bewilligungsbescheid ☐ Ablehnungsbescheid erstellen
3. ☐ Meldung an Rentenversicherungsträger
4. ☐ Auszahlungsanordnung (FINAS-HB) fertigen

Datum	Nz.

BA PP 54 - EXGZ 1 03/04

Antrag auf Gewährung von Überbrückungsgeld zur Aufnahme einer selbständigen Tätigkeit

nach §57 SGB III

Zutreffendes bitte ankreuzen ☒ oder ausfüllen

Vermerke der Agentur für Arbeit
Tag der Antragstellung:
☐ Alg-/☐Alhi-Bezug
bis: ____
wöchtl. ____ Euro
☐Alg/☐Alhi fiktiv wegen
☐ §57 Abs. 2 Nr. 1a
☐ §57 Abs. 2 Nr. 1b
seit__________
wöchentlich__________ Euro
Schwerbehindert(r) ☐ ja ☐ nein
RVNr.

1. Ich werde am ____ eine selbständige Tätigkeit als ______________

   in ______________________

   aufnehmen und beantrage hierfür **Überbrückungsgeld.**

2. Kurzbeschreibung des Existenzgründungsvorhabens zur Erläuterung der

   Geschäftsidee (bitte Beiblatt verwenden):

   ____

   ____

2.1 Sind Sie in eine persönliche Abhängigkeit eines Auftraggebers, insbesondere durch örtliche, zeitliche, inhaltliche oder fachliche Weisungen eingebunden? ☐ ja ☐ nein

2.2 Sind Sie in die Organisation eines Auftraggebers, insbesondere durch die Zusammenarbeit mit Mitarbeitern des Auftraggebers oder durch die Arbeit mit Arbeitsmitteln des Auftraggebers eingebunden? ☐ ja ☐ nein

2.3 **Unternehmerrisiko:**

Eigenes Unternehmerrisiko (z.B. eigene Mitarbeiter, eigene Geschäftsräume, eigenes Betriebskapital)? ☐ ja ☐ nein

Eigenes Auftreten am Markt? ☐ ja ☐ nein

Angemessene Verteilung von Chancen und Risiken (z.B. eine örtliche, zeitliche oder inhaltliche unternehmerische Freiheit, eigener Kundenstamm, freie Preisgestaltung)? ☐ ja ☐ nein

BA Ib3 ÜG 1 – 01/04 - Seite 2 -

- Seite 2 -

3. Handelt es sich um die Übernahme eines bestehenden Betriebes oder den Eintritt in einen solchen? ☐ ja ☐ nein
Wenn ja, ausführliche Darlegung, warum die aus dem Betrieb erzielten Einnahmen nicht zur Bestreitung des Lebensunterhaltes ausreichen (ggf. auf Beiblatt): ________

____

____

____

4. Die wöchentliche Arbeitszeit beträgt in der Regel mindestens ________ Stunden.

5. Haben Sie bereits in der Vergangenheit Überbrückungsgeld oder einen Existenzgründungs-zuschuss zur Förderung der Aufnahme einer selbständigen Tätigkeit erhalten ? ☐ ja ☐ nein

Wenn ja,

letzter Bezug:______________ bei der Agentur für Arbeit in:______________________

6. Die Leistungen bitte ich an ____________________ ________________

Name Kontonummer

bei ______________ ___ ____________________ zu überweisen.

Geldinstitut Bankleitzahl

Für die Bearbeitung des Antrages sind folgende Unterlagen erforderlich:

☒ Kurzbeschreibung des Existenzgründungsvorhabens zur Erläuterung der Geschäftsidee

☒ Stellungnahme einer fachkundigen Stelle zur Tragfähigkeit der Existenzgründung

☒ Anmeldung der selbständigen Tätigkeit beim Gewerbeamt (für gewerbliche. Berufe) bzw. beim Finanzamt (für freiberufliche Tätigkeiten)

☐ Bestätigung der Handwerkskammer über die Eintragung in die Handwerksrolle (im handwerklichen bzw. handwerksnahen Bereich)

☐ Bescheinigung über die Teilnahme am Existenzgründerseminar

☐ Sonstiges:

BA Ib3 ÜG 1 – 01/04

Füllen Sie das jeweilige Antragsformular selbst aus. Sofern Sie Hilfe benötigen, stehen Ihnen Arbeitsamt, die IHK oder die Berufsverbände zur Verfügung..

Fachkundige Stellen

Wenn Sie Überbrückungsgeld beantragen, müssen Sie zusätzlich die Stellungnahme einer fachkundigen Stelle zur Tragfähigkeit der Existenzgründung beibringen. Fachkundige Stellen sind beispielsweise Handwerkskammern, IHK und Berufsverbände, Steuerberater, Unternehmensberater, Wirtschaftsprüfer und Rechtsanwälte.

Bei IHK und Handwerkskammern zahlen Sie in der Regel nichts für die Beratung. Bei den anderen Stellen sind die Auskünfte kostenpflichtig.

Sie schildern Ihr Existenzgründungsvorhaben bei der jeweiligen fachkundigen Stelle. Bringen Sie Ihr Unternehmenskonzept mit, wenn Sie es bereits erstellt haben. Man wird Ihnen dann noch weitere Fragen stellen, um sich ein Bild über Ihre Persönlichkeit und das Unternehmerrisiko machen zu können. Nehmen Sie sich Zeit und schildern Sie alles sehr präzise.

Anforderung der Stellungnahme einer fachkundigen Stelle zur Tragfähigkeit der Existenzgründung (§ 57 SGB III)

1. Tag der Antragstellung auf Überbrückungsgeld:
2. Ich beabsichtige am ___________ eine selbständige Tätigkeit als ______________________

   in ____ aufzunehmen.
3. Kurzbeschreibung des Existenzgründungsvorhabens zur Erläuterung der Geschäftsidee (bitte Beiblatt verwenden): ______________________
4. Ich war bereits in der Vergangenheit selbständig tätig ☐ ja ☐ nein

   Wenn ja: ______________________ In welchem Zeitraum:

   In welcher Branche: ______________________

   Wurde die Existenzgründung mit Überbrückungsgeld gem. § 57 SGB III gefördert ? ☐ ja ☐ nein

   Warum wurde die Selbständigkeit wieder aufgegeben (Beiblatt verwenden):
5. Fachkundige Stelle für die Stellungnahme über die Tragfähigkeit der Existenzgründung ist

   ☐ Industrie- und Handelskammer
   ☐ Handwerkskammer
   ☐ berufsständische Kammer (z.B. Innung)
   ☐ Fachverband
   ☐ Kreditinstitut
   ☐ Sonstige (z.B. Steuerberater/ Wirtschaftsprüfer/ Steuerbevollmächtigte/Unternehmensberater)
6. Als Grundlage für die Stellungnahme der fachkundigen Stelle werden in der Regel folgende Unterlagen benötigt und sind beigefügt:

   ☐ Kurzbeschreibung des Existenzgründungsvorhabens zur Erläuterung der Geschäftsidee
   ☐ Lebenslauf (einschl. Zeugnisse bzw. Befähigungsnachweis)
   ☐ Kapitalbedarfs- und Finanzierungsplan *)
   ☐ Umsatz- und Rentabilitätsvorschau *)
   ☐ Begründung der letzten Geschäftsaufgabe (s. Punkt 4)

   *\) Bei der endgültigen Festlegung dieser Unterlagen kann ggf. die fachkundige Stelle Hilfestellung leisten.
7. Ein Beratungsgespräch über Fördervoraussetzungen und Antragsverfahren für das Überbrückungsgeld wurde geführt. ☐ ja ☐ nein
8. Ich bin damit einverstanden, dass die Stellungnahme von der Agentur für Arbeit unmittelbar bei der fachkundigen Stelle angefordert wird. ☐ ja ☐ nein
9. Ich bin damit einverstanden, dass die Stellungnahme der fachkundigen Stelle zur Beschleunigung des Antragsverfahrens direkt der Agentur für Arbeit zugeleitet wird. ☐ ja ☐ nein
10. Ich bin darüber informiert, dass der Agentur für Arbeit durch die Abgabe einer fachlichen Stellungnahme keine Kosten entstehen dürfen. ☐ ja ☐ nein
11. Anlage: Kriterien zur Abgrenzung selbständiger Tätigkeit von abhängiger Beschäftigung

______________	______________	______________
(Ort, Datum)	(Antragsteller)	(Sichtvermerk des Arbeitsamtes)

Stellungnahme der fachkundigen Stelle zur Tragfähigkeit der Existenzgründung nach § 57 Abs. 2 Nr. 2 SGB III

A. Allgemeines

1. Alle erforderlichen Unterlagen zur Beurteilung des Gründungsvorhabens wurden vorgelegt. ☐ ja ☐ nein

   ☐ Kurzbeschreibung des Existenzgründungsvorhabens zur Erläuterung der Geschäftsidee

   ☐ Lebenslauf (einschl. Zeugnisse bzw. Befähigungsnachweis)

   ☐ Kapitalbedarfs- und Finanzierungsplan

   ☐ Umsatz- und Rentabilitätsvorschau

   ☐ Begründung der letzten Geschäftsaufgabe (s. Punkt 4)

B. Zur Person

2. Sind die Voraussetzungen für das Existenzgründungsvorhaben gegeben?
   a) In fachlicher und branchenspezifischer Hinsicht ☐ ja ☐ nein
   b) In kaufmännischer und unternehmerischer Hinsicht ☐ ja ☐ nein
   c) Zulassungsvoraussetzungen (z.B. Konzession, Eintragung ins Handelsregister, in die Handwerksrolle u.ä.) ☐ ja ☐ nein

C. Zum Vorhaben

1. Erscheint das Leistungsangebot – auch in absehbarer Zeit – konkurrenzfähig? ☐ ja ☐ nein
2. Schätzt der Existenzgründer die voraussichtlichen Umsätze realistisch ein? ☐ ja ☐ nein
3. Schätzt der Existenzgründer die voraussichtlichen Betriebsergebnisse vor Steuern realistisch ein? ☐ ja ☐ nein
4. Schätzt der Existenzgründer den voraussichtlichen Kapitalbedarf realistisch ein? ☐ ja ☐ nein
5 Kann das zu erwartende Einkommen dem Existenzgründer voraussichtlich eine ausreichende Lebensgrundlage bieten? ☐ ja ☐ nein
6. An der Selbständigkeit bestehen insbesondere Zweifel, weil
   ☐ örtliche, zeitliche, inhaltliche bzw. fachliche Weisungsbindung besteht;
   ☐ Zusammenarbeit mit Mitarbeitern des Auftraggebers bzw. Arbeit mit Arbeitsmitteln des Auftraggebers gegeben ist;
   ☐ keine eigene Unternehmensorganisation (z.B. kein Auftreten am Markt, keine angemessene Verteilung von Chancen und Risiken) vorliegt.
7. Erscheint mit dem Vorhaben der Aufbau einer tragfähigen Existenzgründung insgesamt realisierbar? ☐ ja ☐ nein

   Falls nein, kurze Begründung (ggf. auf Beiblatt):________________________

Diese Stellungnahme wurde von der fachkundigen Stelle gem. § 57 Abs. 2 Nr. 2 SGB III nach Durchsicht der vorgelegten Unterlagen sowie aufgrund der vom Antragsteller gemachten Angaben abgegeben.

____
(Ort, Datum)

____
(Unterschrift der fachkundigen Stelle)

____
(Stempel bzw. Anschrift)

Weitere Anträge und Formulare

Sobald Ihnen sämtliche Anträge und Formulare nun ausgefüllt und unterzeichnet vorliegen, geben Sie diese im Arbeitsamt bei Ihrem zuständigen Berater ab. Er wird sich die Unterlagen ansehen und Ihnen nach einigen Tagen Bescheid über die Bewilligung geben. Das bedeutet für Sie jedoch nicht, dass die Bürokratie nun erledigt ist. In der Regel wird das Arbeitsamt noch weitere Anträge und Nachweise verlangen. Diese können sein:

- die Gewerbeanmeldung
- der Nachweis des zuständigen Finanzamts über die Führung als steuerpflichtiges Unternehmen
- die Eintragung in der Handwerksrolle
- die Eintragung in das Handelsregister

Gewerbeanmeldung

Wenn Sie einen Gewerbebetrieb eröffnen, ist eine Gewerbeanmeldung erforderlich. Dies ist z. B. der Fall, wenn Sie mit Waren handeln oder sich als Handwerker betätigen (siehe Unterkapitel „Erfüllen Sie die fachlichen Kriterien“). Für die Gewerbeanmeldung sprechen Sie beim Ordnungsamt Ihrer Stadtverwaltung oder im zuständigen Gemeindeamt vor. Die Kosten für die Gewerbeanmeldung betragen ca. 30 €.

Nachweis über die Führung als steuerpflichtiges Unternehmen

Sie gehen mit der Gewerbeanmeldung zu dem für Sie zuständigen Finanzamt und verlangen eine formlose Bestätigung, die Auskunft zu Ihrer Person (Name, Anschrift), der Steuernummer und den unter Ihrem Namen registrierten Tätigkeiten gibt.

Da das neu angemeldete Gewerbe meist noch nicht beim Finanzamt registriert ist, ist es von Vorteil, wenn Sie dem Finanzbeamten die Gewerbeanmeldung vorlegen. Sofern keine Gewerbeanmeldung notwendig ist – wie z. B. bei Freiberuflern –, reicht es aus, wenn Sie dem Finanzamt eine persönliche Mitteilung machen. Somit erlangt es Kenntnis davon und kann dies in die Bestätigung aufnehmen. Kosten für die Bestätigung fallen nicht an.

Eintragung in Handwerksrolle und Handelsregister

Die Eintragung in die Handwerksrolle nehmen Sie bei Ihrer zuständigen Handwerkskammer vor. Die Kosten belaufen sich auf ca. 75 €. In das Handelsregister lassen Sie sich über die für Sie zuständige IHK eintragen. Die Kosten variieren je nach Eintrag.

Was noch auf Sie zukommen kann

Sie werden staunen, wer Sie nach der Abgabe einer Gewerbeanmeldung dann so alles kennt. Plötzlich flattert ein Schreiben der für Sie zuständigen Berufsgenossenschaft ins Haus, mit nächster Post erhalten Sie einen Fragebogen des Finanzamts zur Gewerbeanmeldung bzw. zur Ausübung einer freiberuflichen Tätigkeit usw. „Dieser Papierkrieg treibt mich in den Wahnsinn", werden Sie jetzt denken.

Auch wenn Sie schon einen 12-Stunden-Tag hinter sich haben, der Partner sich vielleicht schon vernachlässigt fühlt und Ihr Kind die Hausaufgaben wieder einmal nicht alleine schafft, müssen Sie jetzt noch den ganzen Bürokram erledigen und sämtliche Fragebögen ausfüllen und wieder wegschicken. Gerade in der Anfangs- und Gründungsphase hat man für solche Dinge eigentlich keine Zeit. Bewahren Sie Ruhe, erledigen Sie ein Schriftstück nach dem anderen. In der Regel geben Ihnen die Ämter und Institutionen meist bis zu vier Wochen Zeit für die Beantwortung der Schreiben.

Checkliste: So machen Sie sich selbstständig

Die folgende Übersicht fasst die einzelnen Gründungsschritte in chronologischer Reihenfolge zusammen:

Schritte	Ich-AG	Überbrückungsgeld
Schritt 1: Voraussetzungen erfüllt: arbeitslos bzw. von Arbeitslosigkeit bedroht	ja	ja
Schritt 2: Überprüfung der fachlichen und persönlichen Kriterien		
Schritt 3: Ideensammlung zum Existenzgründungsvorhaben	ja	ja
Schritt 4: Besuch eines Existenzgründungsseminars	nicht erforderlich	ja

Schritt 5: Ausarbeitung eines Unternehmenskonzepts (evtl. mit Hilfe einer fachkundigen Stelle)	nur Kurzbeschreibung erforderlich	ausführliches Konzept mit Stellungnahme der fachkundigen Stelle
Schritt 6: Abholung der Anträge beim Arbeitsamt und Erstgespräch mit Berater	ja	ja
Schritt 7: Anmeldung der Selbstständigkeit	Gewerbeamt (bei Gewerbetreibenden) und Finanzamt (bei Freiberuflern)	wie Ich-AG
Schritt 8: Abgabe der Anträge beim Arbeitsamt	ja	ja
Schritt 9: Genehmigung durch das Arbeitsamt	ja	ja
Schritt 10: Anmeldung bei Krankenkassen und Rentenversicherungsträger	Pflicht, der Rentenversicherungsträger erhält automatisch vom Arbeitsamt Nachricht	freiwillig

Einnahmen und Ausgaben im Griff

Sie sind voll im Geschäft, arbeiten teilweise bis spät in die Nacht hinein und können sich momentan vor Aufträgen kaum retten. Das Konto strahlt auch hinsichtlich der Zahlungseingänge. Existenzgründungszuschuss oder Überbrückungsgeld werden vom Arbeitsamt am Monatsende rückwirkend überwiesen, die Kunden zahlen Ihre Rechnungen pünktlich und die Honorare fließen auch regelmäßig. Bei den

Ausgaben sieht es ähnlich aus. Sie checken regelmäßig Ihre Zahlungsausgänge auf dem Konto sowie Ihre Barausgaben. Aber sind Sie wirklich sicher, dass alles so gut läuft? Haben Sie am Ende des Monats noch genügend Geld übrig oder ist am Ende des Geldes noch zuviel Monat da? Allein der Kontostand und das Guthaben in der Kasse sagen noch nichts aus.

Wie Sie Ihre finanzielle Lage prüfen

Existenzgründungszuschuss und Überbrückungsgeld sollen Ihnen helfen, die schwierige Anlaufphase zu meistern. Beim Existenzgründungszuschuss sind es maximal drei Jahre, die Sie bezuschusst bekommen. Beim Überbrückungsgeld sind es sechs Monate. Aber was wird danach?

Sie sollten daher schon von Anfang an Monat für Monat planen und ebenso Monat für Monat einen Rückblick vornehmen. Dies ermöglicht Ihnen, Fehler frühzeitig zu erkennen und bei Bedarf zu handeln.

Prüfen Sie regelmäßig Ihre finanzielle Lage und ziehen Sie, wenn es geht, eine fachkundige Stelle hinzu.

Bei dem Einnahmen-Ausgaben-Check sollten Sie die Zuschüsse nicht berücksichtigen. Es muss auch ohne sie laufen. Betrachten Sie Existenzgründungszuschuss und Überbrückungsgeld als „Geschenk vom Staat". Steuerrechtlich gesehen werden diese Zuschüsse im Übrigen auch als steuerfreie

Einnahmen behandelt (vgl. Kapitel „Buchführung, Steuern und Sozialversicherung").

So kann ein Selbstcheck aussehen

Beispiel

Geerd Neer hat den Schritt gewagt: Er hat sich mit einer eigenen Gartenbaufirma selbstständig gemacht. Von einem Freund, der ein Hausverwaltungsbüro besitzt, hat er schon einige Aufträge zur Gartenpflege der von ihm betreuten Immobilien erhalten. Zusätzlich bekommt Gerd Neer Aufträge von privaten Gartenbesitzern. Schon jetzt hat sich die Idee bewährt seinen Kunden neben den gärtnerischen Arbeiten kleine, hübsche Gartenaccessoires zum Kauf anzubieten.
Der Monat August ist deshalb ganz gut gelaufen. Die verbuchten Umsätze auf dem Geschäftskonto betragen 3.944 €, in der Kasse gingen noch einmal 696 € ein. Die Ausgaben einschließlich der Kosten für die private Absicherung betrugen 4.579 €. Darin enthalten ist auch die Reparatur seines Druckers in Höhe von 232 €. Durch bereits bestehende Verträge kann Gerd Neer schon die voraussichtlichen Einnahmen für die Monate September bis November planen.

Monatsrückblick		
abgelaufener Monat: August 2004	Einnahmen	Ausgaben
Geldzufluss Geschäftskonto:		
7.8.2004	1.740 €	
16.8.2004	1.856 €	
21.8.2004	348 €	
Geldzufluss Kasse:		
2.8.2004	580 €	
14.8.2004	116 €	
Geldabfluss Geschäftskonto:		
Miete Geschäftsräume		
1.8.2004		580 €

Wareneinkauf 8.8.2004		1.160 €
Haftpflichtversicherung Geschäft (1/2 Jahr) 10.8.2004		120 €
Beitrag Berufsverband 11.8.2004		180 €
Rentenversicherung 15.8.2004		240 €
Kranken- und Pflegeversicherung 15.8.2004		195 €
Miete, Strom, Gas privat 15.8.2004		500 €
Umsatzsteuer Juli 2004 16.8.2004		502 €
Abhebung für private Einkäufe 22.8.2004		300 €
Telefonrechnung 25.8.2004		116 €
Geldabfluss Kasse:		
Briefmarken 3.8.2004		22 €
Büromaterial 4.8.2004		232 €
Entnahme für private Einkäufe 9.8.2004		200 €
Reparatur Drucker 18.8.2004		232 €
Summen:	4.640 €	4.579 €

Die Gesamteinnahmen übersteigen um ein Minimum die Gesamtausgaben. Das ist gut so. Dennoch zeigt sich, dass es dauerhaft so nicht laufen sollte. Herr Neer braucht auch Rücklagen, insbesondere um kostenintensivere Monate abzudecken oder schlechte Zeiten zu überbrücken. Denn was ist, wenn einer seiner Kunden in die Insolvenz geht und Zahlungseingänge ausbleiben? Momentan hat er noch Spielraum, da hier das Geld von „Vater Staat" nicht eingerechnet wurde.

Analysieren Sie Ihre Kosten

Das Beispiel zeigt: Wenn Ihre Gesamteinnahmen gerade so ausreichen, dass Sie finanziell, d. h. geschäftlich und privat, über die Runden kommen, sollten Sie etwas verändern. Dazu haben Sie zwei Möglichkeiten: Umsatzsteigerung oder Kostensenkung.

Eine Umsatzsteigerung lässt sich in Zukunft nur Schritt für Schritt realisieren. Sie sind bereits dabei, neue Kunden zu gewinnen. Dies geschieht jedoch meist nicht von heute auf morgen. Deshalb ist es wichtig, die Kosten genau zu betrachten und zu analysieren. Gehen Sie dabei folgendermaßen vor: Zuerst sehen Sie sich alle Kosten an, die Sie geschäftlich haben. Die Umsatzsteuerzahlung aus dem Vormonat berücksichtigen Sie nicht. Diese müssen Sie ja weiterhin ans Finanzamt zahlen.

Exemplarisch zeigen wir an Kosten aus dem oben stehenden Beispiel, wie Sie dabei vorgehen:

- Miete der Geschäftsräume
- Wareneinkauf
- Haftpflichtversicherung
- Beitrag Berufsverband
- Abrechnung Telefon
- Briefmarken
- Büromaterial
- Reparatur technische Ausstattung, z. B. Drucker

Bei der Analyse der Kosten gehen Sie schrittweise vor und stellen sich dabei folgende Fragen:

- Ist hier kurzfristig eine Kostensenkung möglich?
- Gibt es Alternativangebote, die günstiger sind?
- Welche Zusatzkosten entstehen, wenn Alternativangebote genutzt werden (Fahrtkosten, Verpackung, Versand etc.)?

Miete der Geschäftsräume

Hier wird es in Kürze keine Veränderung geben, wenn der Preis für Ihre Geschäftsräume ortsüblich ist. Ein Umzug in billigere Räume verursacht erhebliche Zusatzkosten (Transport, Ummeldegebühren etc.).
Fazit: keine Kostensenkung möglich

Wareneinkauf

Schon vor der Existenzgründung haben Sie nach günstigen Lieferanten für Ihre Gartenaccessoires gesucht und sind eigentlich mit der bezogenen Ware in Sachen Preis-Qualitäts-Verhältnis ganz zufrieden. Außerdem räumt Ihnen der Lieferant ab und zu ein paar Sonderangebote ein. Möglicherweise gibt es diese aber auch von anderen Lieferanten. Sie sollten daher prüfen, ob es nicht zwischenzeitlich andere Lieferer gleichartiger Waren gibt, die in Preis und Qualität Ihrer Zufriedenheit entsprechen.

Fazit: Kostensenkung möglich, jedoch nicht kurzfristig

Haftpflichtversicherung

Die meisten Versicherungsunternehmen schließen Verträge mit einer Mindestlaufzeit von einem Jahr ab. Außerdem haben Sie sich schon vor der Existenzgründung einige Angebote eingeholt und sind zu der Versicherung gegangen, die letztlich hinsichtlich Preis-Leistungs-Verhältnis für Sie am besten war. Kündigen könnten Sie frühestens vor Ablauf des ersten Versicherungsjahres. Dies ist jedoch erst im kommenden Jahr möglich.

Fazit: keine Kostensenkung möglich

Beitrag Berufsverband

Diesen Beitrag werden Sie über kurz oder lang zahlen müssen. Es sei denn, dass Sie die Mitgliedschaft im Verband kündigen. Dies geschieht jedoch meist auch nur unter Einhaltung bestimmter Kündigungsfristen. Außerdem hätten Sie dann den Nachteil, dass Sie vom Verband keinerlei Unterstützung mehr bekommen.

Fazit: keine Kostensenkung möglich

Telefon

Hier ist es angebracht zu prüfen, ob Sie beispielsweise einen günstigeren Anbieter für Ihr Mobiltelefon haben, da Sie Ihre Gespräche häufig während der Arbeit vor Ort führen müssen und hier kein Festnetzanschluss zur Verfügung steht. Für die Ferngespräche über Festnetz mit den Lieferanten ließe sich durch die zusätzliche Eingabe einer bestimmten Vorwahl der Rechnungsbetrag teilweise ganz enorm senken. Gleiches gilt für die Wahl des Internet-Providers. Hier gibt es enorme Preisunterschiede.

Fazit: Kostensenkung möglich

Briefmarken

Dieser Posten ist zwar gering und die Deutsche Post wird Ihnen zuliebe nicht die Preise für Briefmarken oder andere Dienstleistungen senken. Dennoch gibt es mittlerweile viele Konkurrenzunternehmen, die zum Teil günstiger Briefe befördern. Dies sind beispielsweise örtliche private Beförderungsunternehmen oder Fahrradkuriere. Allerdings erfolgt bei den meisten Anbietern eine Beförderung nur in ein bestimmtes Einzugsgebiet. Daher sollten Sie, wenn die Häufigkeit der Briefversendungen steigt, prüfen, wohin Sie die meisten Briefe verschicken.

Fazit: Kostensenkung möglich, jedoch nicht kurzfristig

Büromaterial

Sie haben bei dem für Sie am nächsten gelegenen Händler eingekauft. Aber ist dieser wirklich preiswert? Und müssen es unbedingt Marken-Schreibblöcke sein? Gehen Sie spar-

sam mit dem Material um oder beschreiben Sie die Blöcke für eigene Notizen nur einseitig? Gibt es nicht alternative Anbieter in der Region oder im Internet? Wie hoch sind bei den Alternativanbietern die Versandkosten? Was kostet Sie die Fahrt, wenn Sie das Material selbst abholen, der günstigere Anbieter jedoch kilometerweit entfernt ist?
Fazit: Kostensenkung möglich

Reparatur technischer Ausstattung, z. B. Drucker

Das passiert jedem, der mit PC und Drucker arbeitet, immer wieder einmal: Sie wollen dringend ein paar Rechnungen schreiben und gerade dann streikt die Technik. Nachdem Sie zunächst selbst versuchen, das Problem zu beheben, rufen Sie, ohne zu überlegen, den Fachhändler. Dieser kommt jedoch von außerhalb, brauchte für die Anfahrt schon sehr viel Zeit, die eigentliche Reparatur dauert nur eine halbe Stunde. Wenn das wieder einmal vorkommt, dann sollten Sie einen anderen Wartungsdienst mit weniger Anfahrtsweg in Anspruch nehmen oder das Gerät ausrangieren. Holen Sie sich Angebote über Reparaturdienste vor Ort und informieren Sie sich über preiswerte Angebote der PC-Händler.
Fazit: Kostensenkung möglich

Private Kostenanalyse – Verzicht ist angesagt

Sofern Sie alle geschäftlichen Kosten durchgegangen sind, sollten Sie auch Augenmerk auf Ihre private Ausgabensituation richten. Dabei ist Selbstkritik oberstes Gebot. Muss es z. B. unbedingt das achte Paar Schuhe sein und dann auch noch Markenware? „Man gönnt sich ja sonst nichts", werden Sie jetzt möglicherweise sagen. Dennoch sollten Sie sich im privaten Bereich einschränken können.

Schauen Sie in die Zukunft

Nachdem Sie sich mit Ihrer geschäftlichen Vergangenheit auseinander gesetzt haben, sollten Sie nun auch in die Zukunft blicken. Orientieren Sie sich dabei nicht nur am Markttrend oder an den Erfolgen, die Ihnen Ihre Bekannten oder gar die Familie prophezeien. Seien Sie kritisch zu sich selbst und nehmen Sie Ihr Zahlenwerk und Ihre Auftragsbücher zur Hand. Prüfen Sie die Höhe und Fälligkeit Ihrer Ausgangsrechnungen.

Prüfen Sie außerdem Höhe und Fälligkeit Ihrer Eingangsrechnungen sowie die privaten Ausgaben. Kommen demnächst größere Ausgaben auf Sie zu? Ist mit zusätzlichen Einnahmen zu rechnen? Eröffnen sich neue Marktchancen? Dies sind Fragen, die Sie sich jeden Monat neu stellen sollten. Auch für diesen Fall ist eine Übersicht sinnvoll. Hier ein Beispiel für eine solche Umsatz- und Ertragsvorschau:

Monat	Sept.	Okt.	Nov.
Einnahmen aus Ausgangs-rechnungen			
Kunde A	1.160 €	2.320 €	0 €
Kunde B	4.640 €	0 €	0 €
Kunde C	0 €	580 €	4.640 €
Bareinnahmen	696 €	812 €	580 €
Summe Einnahmen:	6.496 €	3.712 €	5.220 €
Ausgaben für geschäftliche Zwecke:			
Miete Geschäftsräume	580 €	580 €	580 €
Telefon	58 €	58 €	58 €
Wareneinkauf	1.392 €	812 €	870 €
Briefmarken	11 €	22 €	11 €
Büromaterial	0 €	116 €	0 €
Sonstiges	58 €	58 €	58 €
Umsatzsteuerschuld	320 €	608 €	288 €
Summe geschäftliche Aus-gaben:	2.419 €	2.254 €	1.865 €
Gewinn	4.077 €	1.458 €	3.355 €

Die privaten Ausgaben betragen monatlich ca. 1.600 €. Darin enthalten sind die Kosten für die private Absicherung, die Miete und die Nebenkosten, die Kosten für private Einkäufe sowie die Kosten für den privaten Pkw.

Anhand der Umsatz- und Ertragsvorschau ist zu erkennen, dass im Monat Oktober der Gewinn nicht ausreicht, um die Kosten der privaten Lebensführung zu decken. Diese Kosten werden aber durch den Gewinn vom September mit getragen. Dies ist das Prinzip des Wirtschaftens und der Kalkulation.

Halten Sie sich dieses Prinzip immer wieder vor Augen. Schaffen Sie in guten Zeiten genug Reserven für schlechte Zeiten.

Sollen Sie Mitarbeiter anstellen?

Viele Existenzgründer beginnen zunächst einmal alleine, weil sie das Risiko der Einstellung von Arbeitnehmern und die damit verbundenen Kosten noch nicht einschätzen können. Hinzu kommt, dass auch die Auftrags- und Ertragslage eine Beschäftigung von Arbeitskräften nicht zulässt. Was ist aber, wenn man sich vor Aufträgen kaum retten kann und die Kunden auch noch pünktlich und zuverlässig zahlen? Hier stellt sich die Frage, ob man Arbeitnehmer einstellt oder Aufträge ablehnt. Prüfen Sie genau, ob es für Sie sinnvoll ist, Arbeitnehmer einzustellen: Schauen Sie sich Ihre Auftrags- und Ertragslage genau an. Nehmen Sie sich Zeit. Die folgende Checkliste hilft Ihnen dabei.

Checkliste: Sollen Sie Arbeitnehmer einstellen?

- Gibt es Anlass zur Einstellung von Arbeitnehmern?
- Wenn ja, Voll- oder Teilzeit?
- Welche Arbeiten sollen die Arbeitskräfte verrichten?
- Soll ich Fachkräfte nehmen oder reicht es, wenn ich anlerne?
- Muss ich nach Tarif bezahlen?

- Welche Kosten kommen auf mich zu?
- Kann ich den Arbeitnehmern eine dauerhafte Beschäftigung bieten?
- Ist genug Raum da für die Einstellung von Arbeitnehmern?
- Was muss ich in neue Arbeitsplätze investieren?
- Können die Arbeitnehmer auch in Ihrem „Home-Office" für mich arbeiten?
- Wäre anstelle von Einstellungen auch Outsourcing möglich?
- Wie hoch sind die Kosten des Outsourcings gegenüber den Kosten für die Einstellung von Arbeitnehmern?
- Zahlt das Arbeitsamt bei der Einstellung von Langzeitarbeitslosen bzw. Frauen oder Behinderten?

Ihr Steuerberater wird Sie vor allem bei den steuerlichen Fragen beraten und Ihnen dabei helfen, heraus zu finden, was für Sie am günstigsten ist.

So finden Sie fachkundige Hilfe

Parallel zum Selbstcheck sollten Sie auf jeden Fall noch einen Fachmann aufsuchen. Am geeignetsten ist hier Ihr Steuerberater, der Ihnen vielleicht ohnehin die monatliche Buchführung erstellt und für Sie da ist, wenn es in betriebswirtschaftlichen und steuerrechtlichen Dingen Fragen zu klären gibt. Fachkundige Hilfe können Sie jedoch auch von einem Wirtschaftsprüfer, Ihrem Berufsverband oder einer Kammer erwarten. Auch ein Austausch mit anderen Unternehmern kann oft hilfreich sein.

Sofern Sie Existenzgründer sind und es vorziehen, sich monatlich beraten zu lassen, weil Ihnen dies gerade in der Startphase wichtig ist, können Sie bei Ihrem zuständigen Arbeitsamt so genannte Zuschüsse für Beratungen beantragen. Voraussetzung hierfür ist, dass Sie einen Berater haben, der mit dem Arbeitsamt einen Coaching-Vertrag für einen gewissen Zeitraum abschließt. Fragen Sie vor Antritt Ihrer Existenzgründung bei Ihrem zuständigen Berater im Arbeitsamt nach Zuschüssen für eine regelmäßige Beratung. Adressen wichtiger Ansprechpartner finden Sie auf S. 122.

Buchführung, Steuern und Sozialversicherung

Sie werden vielleicht einen Steuerberater haben, der Sie gut berät. Als Existenzgründer und Unternehmer sollten Sie dennoch die Antworten auf die wichtigsten Fragen zu den Themen Buchführung, Steuern und Sozialversicherung kennen.

Buchführung – einfacher als Sie denken

Bei dem Gedanken, Buchführung machen zu müssen, wird es nicht nur vielen Existenzgründern zum Teil etwas mulmig im Bauch, sondern auch Unternehmer, die seit vielen Jahren erfolgreich selbstständig sind, kostet es Überwindung, wenn der Monatsabschluss bevorsteht oder gar die Jahresbilanz erstellt werden muss. Aber das ist alles halb so schlimm, wenn von Anfang an ein paar Grundregeln beachtet werden. Außerdem gibt es auch Fachleute, die mit Rat und Tat zur Seite stehen.

Ordnung ist das halbe Leben

Sie werden merken, dass bereits vor der Existenzgründung viel Papierkrieg anfällt. Das sind Antragsformulare, die Korrespondenz mit Behörden, Verträge, Stellungnahmen, Zeugnisse und natürlich auch zahlreiche Quittungen, Belege und Eingangsrechnungen. Sie hatten vielleicht nicht immer die Zeit, diese Belege gleich ordnungsgemäß abzuheften. Dies sollten Sie aber so bald wie möglich tun, denn je mehr Belege sich ansammeln, umso mehr Arbeit haben Sie nachher. Außerdem wird sich Ihr Steuerberater freuen, wenn er die Belege sortiert erhält. Und Sie merken dies deutlich an der Honorarrechnung.

Vermeiden Sie es, ungeordnete Belege in der Plastiktüte oder gar im Schuhkarton abzugeben. Sie erleichtern sich selbst und Ihrem Berater die Arbeit und den Überblick.

Organisation der Buchführung

„Die Buchführung muss so beschaffen sein, dass sie innerhalb kurzer Zeit einem fremden Dritten einen Überblick über die Ertragslage des Unternehmens verschafft", steht sinngemäß im Gesetz. An diese Grundregel sollten Sie sich unbedingt halten.

Das Ablagesystem

Trennen Sie Ihr Ablagesystem nach folgenden Kriterien:

- Eingangsrechnungen, die zu überweisen sind oder per Bankeinzug bezahlt werden,
- Eingangsrechnungen, die Sie bar bezahlt haben (z. B. Quittungen über Postwertzeichen, Tankbelege),
- Ausgangsrechnungen, die Sie an Ihre Kunden verschickt haben bzw.
- Honorarabrechnungen, wenn Sie von Ihren Auftraggebern eine Honorargutschrift bekommen,
- offene Korrespondenz.

Sollen Sie ein zusätzliches Bankkonto einrichten?

Dies liegt in Ihrer Hand. Sie können frei entscheiden, ob Sie Ihr bisheriges Girokonto, das Sie als Privatkonto genutzt haben, weiterhin als Geschäfts- und Privatkonto verwenden wollen oder ob Sie ein separates Geschäftskonto anlegen möchten.

Wenn Sie sich für das zusätzliche Geschäftskonto entscheiden, sollten Sie darauf achten, dass sämtliche Geschäftsvorfälle oder zumindest der überwiegende Teil davon über dieses Konto abgewickelt werden. Kontonummer und Bankleitzahl dieses Kontos sollten Sie dann auch auf Ihren Ausgangsrechnungen vermerken oder Ihren Auftraggebern mitteilen.

Sofern Sie Geld für private Zwecke benötigen (z. B. für die Begleichung der privaten Miete), sollten Sie eine Überweisung auf Ihr Privatkonto vornehmen. Bleibt es bei Ihrem ursprünglichen privaten Girokonto, laufen sämtliche privaten und geschäftlichen Dinge über Ihr Privatkonto ab.

Ablage der Kontoauszüge

Sie sollten mindestens einmal wöchentlich einen Kontoauszug ausdrucken. Diesem Auszug ordnen Sie dann anhand der gebuchten Zahlungsein- und -ausgänge sämtliche Aus- und Eingangsrechnungen zu.

Was ist mit Barzahlungen?

Es empfiehlt sich, ein Kassenbuch zu führen, insbesondere dann, wenn Sie sehr viele Kunden als Barzahler haben oder selbst viele Aufwendungen haben, die Sie bar begleichen. Kassenein- und -ausgaben müssen täglich aufgezeichnet werden. Heften Sie die Belege hinter das Kassenblatt.

Die elektronische Registrierkasse

Eine Registrierkasse ist nur dann zweckmäßig, wenn Sie fast ausschließlich Bareinnahmen haben. Dies ist beispielsweise dann der Fall, wenn Sie ein Handelsgeschäft oder einen Handwerksbetrieb betreiben.

Eine Registrierkasse kostet Geld. Überlegen Sie sich genau, ob diese Anschaffung für Sie lohnenswert ist.

Ebbe in der Kasse – was tun?

Im Prinzip haben Sie als Unternehmer das gleiche Problem wie ein Arbeitnehmer. Wenn er nichts im Geldbeutel hat, kann er nichts ausgeben. Er muss zur Bank und Geld abheben. Genauso sieht es bei Ihnen aus. Wenn Ihre Kasse leer ist und die Bareinnahmen nicht ausreichen, um die geplanten Barausgaben zu begleichen, müssen Sie zur Bank gehen, Geld vom Konto abheben und in die Kasse einlegen. Diesen Vorgang nennt man im Buchhalterdeutsch: Geldtransit. Alternativ dazu sind Privateinlagen möglich.

Dies ist beispielsweise dann der Fall, wenn Ihnen Ihr Partner Geld gibt, das Sie in die Kasse einlegen, um Barausgaben zu tätigen. Vergessen Sie aber nicht, dass eine Privateinlage auch regelmaßig durch eine Privatentnahme ausgeglichen werden sollte.

Keine Buchung ohne Beleg

Dies ist eine Faustformel in der Buchhaltung. Belege dienen dazu, chronologisch und wertmäßig alle Einnahmen und

Ausgaben zu dokumentieren. Heben Sie daher sämtliche Belege auf. Sie dienen einerseits als Nachweis für Sie, andererseits auch für das Finanzamt. Im Falle einer Prüfung werden Sie dankbar sein, denn der Betriebsprüfer kann Ihnen dann nicht so einfach etwas streichen.

Was ist, wenn Sie den Beleg nicht mehr finden?

Kein Problem, Sie stellen sich einen Eigenbeleg aus, der über die gekaufte Sache Auskunft gibt. Wichtige Bestandteile eines Eigenbelegs sind Art, Beschaffenheit, Bezeichnung, Menge und Preis der gekauften Sache sowie das Datum des Kaufs. Auf einem Eigenbeleg sollten Sie als Unternehmer selbst unterschreiben. Ein Eigenbeleg berechtigt allerdings nicht zum Vorsteuerabzug.

Wie lange müssen Sie Belege aufbewahren?

Es gibt gesetzliche Aufbewahrungsfristen. In der Regel sind es zehn Jahre. Allerdings gibt es auch hier Ausnahmen. Ratsam ist es, beim Steuerberater nachzufragen, wann denn endlich „weggeworfen“ werden darf.

Wenn Sie Beschäftigte haben

Für jede Person, die Sie beschäftigen, sollten Sie ein separates Lohnkonto führen. Dies kann auch der von Ihnen beauftragte Steuerberater oder ein selbstständiger Buchhalter übernehmen. Von den Beschäftigten sollten Sie vorab jedoch folgende Daten erfragen:

- Vor- und Zuname
- Anschrift
- Geburtsdatum
- Geburtsort
- Familienstand
- Sozialversicherungsnummer
- Name und Anschrift der Krankenkasse

Außerdem hat der Beschäftigte vor Arbeitsantritt eine Lohnsteuerkarte vorzulegen. Bitte achten Sie darauf, dass es – auch bei einem so genannten Minijob – von Vorteil ist, einen Arbeitsvertrag in schriftlicher Form zu haben.

Weitere Informationen erhalten Sie von Ihrem Steuerberater oder dem selbstständigen Buchhalter.

Der Gang zum Steuerberater

Sie haben es geschafft, der erste Monat Ihrer Existenzgründung ist vorüber und Sie haben sämtliche Belege ordnungsgemäß abgeheftet. Das Kassenblatt enthält sämtliche Bareinnahmen und -ausgaben, dahinter haben Sie die Belege angeheftet und die Kontoauszüge sind ebenfalls vor den jeweiligen Rechnungen einsortiert. Ihre Buchführung ist fertig. Jedenfalls aus Ihrer Sicht. Bringen Sie diese Unterlagen nun zu Ihrem Steuerberater. Er und seine Angestellten buchen die Geschäftsfälle, die Sie in Kasse und Bank aufgezeichnet haben. Er wird Ihnen dann in Kürze die Umsatzsteuervoranmeldung (UStVA) sowie eine Betriebswirtschaftliche Auswertung (BWA) aushändigen.

Zur Steuerberatung zählt nicht allein die belegmäßige Erfassung der Daten, sondern eben auch die Beratung. Scheuen Sie sich also nicht, wenn Sie Fragen haben!

Ermittlung des zu versteuernden Einkommens

Damit Sie besser verstehen, was Ihr Steuerberater macht, und Sie Ihre Unterlagen besser sammeln, ordnen und vorbereiten können, zeigen wir Ihnen kurz, auf welche Grundlagen sich die Arbeit des Steuerberaters bezieht, wenn er Ihre Steuererklärung vorbereitet.

Was ist Einkommen?

Einkommen ist nicht das, was Sie und gegebenenfalls Ihr Partner monatlich einnehmen. Das Einkommen, das hier beschrieben wird und maßgeblich für Ihre Einkommensteuerbelastung ist, wird nach einem speziellen Einkommensermittlungsschema ermittelt. Welche Einkunftsarten kommen für Sie als Existenzgründer in Frage?

Je nach Art und Weise der Tätigkeit sind folgende Einkünfte denkbar:

- Einkünfte aus Gewerbebetrieb
- Einkünfte aus selbstständiger Tätigkeit

Einkünfte aus Gewerbebetrieb oder aus selbstständiger Tätigkeit?

Pauschal gesagt, sind alle Tätigkeiten, die eine Gewerbeanmeldung voraussetzen, den Einkünften aus Gewerbebetrieb zuzuordnen. Zu diesen Tätigkeiten gehören u. a. der Handel, das Handwerk und die Vermittlung von Versicherungen.

Einkünfte aus selbstständiger Tätigkeit haben alle Freiberufler wie Ärzte, Rechtsanwälte, Notare, Steuerberater, Künstler, Journalisten, Architekten.

So ermitteln Sie die Einkünfte

Um die Einkünfte zu ermitteln, ist der Gewinn oder Verlust, den Sie als Unternehmer erzielen, maßgeblich. Was ist nun Gewinn oder Verlust?

- Gewinn ist der positive Unterschiedsbetrag zwischen Betriebseinnahmen und Betriebsausgaben.
- Verlust ist der negative Unterschiedsbetrag zwischen Betriebseinnahmen und Betriebsausgaben.

Was sind Betriebseinnahmen?

Betriebseinnahmen sind alle Einnahmen, die Sie als Unternehmer im Rahmen Ihrer unternehmerischen Tätigkeit haben. Hierzu zählen:

- Die Bezahlung Ihrer Ausgangsrechnungen durch die Kunden mittels Überweisung oder Lastschrift

- Anzahlungen auf Leistungen, die Sie erbringen, durch Ihre Kunden mittels Überweisung oder Lastschrift
- Schlusszahlungen auf von Ihnen erbrachte Leistungen, durch Ihre Kunden mittels Überweisung oder Lastschrift
- Bareinnahmen, die Sie von Ihren Kunden erhalten mittels Cash oder Scheck
- Ihre Einnahmen aus dem Verkauf von Anlagegegenständen mittels Cash, Scheck, Überweisung, Lastschrift
- Ihr Anteil an der privaten Nutzung von Gegenständen, die dem Betrieb gehören (z. B. private Nutzung des Geschäftswagens oder Telefons)
- Skonti, Boni, Rabatte und sonstige Preisnachlässe, die Sie von Lieferanten bekommen
- Einnahmen aus der Rückgabe von Leergut
- Zinseinnahmen wie z. B. Habenzinsen auf dem Geschäftskonto
- Investitionszulagen
- Umsatzsteuer

Was sind Betriebsausgaben?

Betriebsausgaben sind alle Ausgaben, die Sie als Unternehmer im Rahmen Ihrer unternehmerischen Tätigkeit haben und die betrieblich bzw. geschäftlich veranlasst sind. Hierzu zählen z. B.:

- Ausgaben für den Einkauf von Waren, Material, Roh-, Hilfs- und Betriebsstoffen

- Ausgaben für Fremdleistungen, die andere Unternehmer für Sie erbringen
- Löhne und Gehälter
- Kosten für Kraftfahrzeuge
- Büromaterial
- Mieten und Pachten
- Zinsausgaben wie z. B. Sollzinsen auf dem Geschäftskonto oder Zinsen für betriebliche Darlehen
- Fortbildungskosten für Unternehmer und Arbeitnehmer
- Ausgaben für Werkzeuge und Kleingeräte
- Abschreibungen auf Sachanlagen, z. B. Fahrzeuge, Büroeinrichtung, Werkstatteinrichtung, Maschinen
- Sofortabschreibung geringwertiger Wirtschaftsgüter
- Vorsteuer
- Umsatzsteuerzahllast

Was passiert mit dem Gewinn oder Verlust?

Der Gewinn und Verlust, den Ihr Steuerberater ermittelt hat, fließt in die Berechnung des zu versteuernden Einkommens mit ein. Zuvor werden aber noch andere Einkünfte, die Sie oder Ihr Ehegatte haben, und andere Beträge, wie beispielsweise die Sonderausgaben, dazu gehören z. B. Versicherungsbeiträge und Kirchensteuer, berücksichtigt. Aber überlassen Sie dies Ihrem Steuerberater.

Und wie sieht es mit dem Existenzgründungszuschuss bzw. dem Überbrückungsgeld aus?

Existenzgründungszuschuss und Überbrückungsgeld sind steuerfrei. Beim Überbrückungsgeld gilt diese Regelung erst seit dem 1.1.2004.

Die Einnahmen-Überschuss-Rechnung

Wer mit seinem Umsatz die Grenze von 350.000 Euro und beim Gewinn 30.000 Euro nicht überschreitet, braucht keine Bilanz zu erstellen. Freiberufler dürfen ebenfalls, unabhängig von Umsatz und Gewinn, an Stelle einer Bilanz die Einnahmen-Überschuss-Rechnung einsetzen. Wer bisher eine Einnahmen-Überschuss-Rechnung erstellen musste, konnte diese sie relativ frei gestalten.

Die Ermittlung des Gewinns oder Verlustes erfolgt ab 2004 zwingend anhand eines amtlichen Vordruckes. Dieser muss mit der Einkommensteuer-Erklärung beim Finanzamt abgegeben werden. Aus dem Vordruck sind die einzelnen für die Besteuerung relevanten Einnahmen und Ausgaben ersichtlich. Sie sollten sich für das Ausfüllen dieses Vordrucks auf jeden Fall der Hilfe eines Steuerberaters bedienen.

Zur Vertiefung des Themas möchten wir Ihnen den TaschenGuide „Einnahmen-Überschuss-Rechnung" empfehlen.

Einkommen- und Lohnsteuer

Bisher hatten Sie als Arbeitnehmer Einkünfte aus nichtselbstständiger Arbeit. Sie erhielten jährlich eine Lohnsteuerkarte von Ihrer Gemeinde zugeschickt, die Sie zu Beginn eines jeden Kalenderjahres Ihrem Arbeitgeber vorgelegt haben. In der Lohnsteuerkarte wurden sämtliche Be- und Abzüge Ihres Lohns oder Gehalts eingetragen. Diese haben Sie dann zusammen mit weiteren Belegen (z. B. Nachweis über Werbungskosten) nach Ablauf des Jahres zu Ihrem Steuerberater gebracht. Der Steuerberater hat dann Ihr zu versteuerndes Einkommen ermittelt und die Einkommensteuererklärung für das abgelaufene Kalenderjahr erstellt.

Nun sind Sie Existenzgründer und Unternehmer und haben somit entweder Einkünfte aus freiberuflicher Tätigkeit oder aus gewerblicher Betätigung. Damit erweitern sich auch Ihre steuerlichen Pflichten. Neben der Einkommensteuer, die Sie ab einem bestimmten Einkommen zu zahlen haben, fällt auch Umsatzsteuer an. Außerdem müssen Sie für Beschäftigte, die Sie anstellen, Lohnsteuer und Beiträge zur Sozialversicherung und gesetzlichen Unfallversicherung zahlen. Aber nicht nur die Beschäftigten sind sozial abzusichern, sondern auch Sie selbst.

Einkommensteuer

Das Einkommen eines Existenzgründers unterliegt der Einkommensteuer. Wie hoch diese Einkommensteuer ist, hängt vom Gewinn und den persönlichen Verhältnissen des einzelnen Bürgers ab. Was sind persönliche Verhältnisse?

Zu den persönlichen Verhältnissen zählt in erster Linie Ihr Familienstand, d. h. ob Sie ledig, verheiratet, geschieden oder verwitwet sind. Dabei ist zu unterscheiden, ob Sie im Jahr Ihrer Existenzgründung gerade geheiratet haben oder frisch geschieden worden sind oder ob Ihr Ehegatte verstorben ist. Sofern Sie Kinder haben, spielen diese auch eine wichtige Rolle. Hier ist relevant, wie alt die Kinder sind, ob sie vielleicht gerade eine Ausbildung absolvieren oder noch klein sind und den Kindergarten besuchen.

Weiterhin zählt zu den persönlichen Verhältnissen, ob Ihr Ehegatte ein Einkommen bezieht oder ob Sie als Unternehmer noch andere Einkunftsquellen haben, beispielsweise aus der Vermietung von Wohnungen.

Nicht zuletzt spielen das Jahr und der Tag Ihrer Geburt eine wichtige Rolle. Die persönlichen Verhältnisse können sich jedes Jahr ändern. Das ist z. B. dann der Fall, wenn Sie beispielsweise Mutter oder Vater werden oder heiraten. Deshalb muss jedes Jahr aufs neue geprüft werden, ob es Veränderungen gegeben hat.

Nachdem der Steuerberater für Sie das zu versteuernde Einkommen unter Berücksichtigung der persönlichen Verhältnisse ermittelt hat, schickt er die Einnahmen-Überschuss-Rechnung (bei über 350.000 Euro Umsatz und ab einem Gewinn von 30.000 Euro die Bilanz und Gewinn- und Verlustrechung) an das zuständige Finanzamt. Daraufhin prüft das Finanzamt die Einkommensteuererklärung und fordert Sie auf, die Einkommensteuer zu bezahlen. Auf dieser Grundlage setzt das Finanzamt auch die Höhe der Einkommensteuer für das nächste Kalenderjahr fest und fordert Sie – abhängig von der Höhe Ihres Umsatzes – auf, regelmäßige Einkommensteuervorauszahlungen zu leisten. Daher gilt: Richten Sie sich am besten rechtzeitig ein Konto ein, auf dem Sie die Beträge sammeln, die Sie nach der Einkommensteuererklärung an das Finanzamt zahlen müssen. Das hat den Vorteil, dass Sie dieses Geld nicht ausgeben können und dann bei der ersten Nachzahlung oder den regelmäßigen Vorauszahlungen nicht genügend liquide sind.

Lohnsteuer für den Unternehmer selbst

Grundsätzlich unterliegen die Einnahmen, die ein Unternehmer hat, nicht der Lohnsteuer. Es gibt jedoch einige Ausnahmen.

Arbeitslosengeld im Jahr der Existenzgründung

Wenn Sie als Existenzgründer und Unternehmer selbstständig tätig sind und ohne Beschäftigte arbeiten, fällt keine Lohnsteuer an, da Sie ja selbst keinen Arbeitslohn beziehen. Voraussetzung für den Existenzgründungszuschuss oder das Überbrückungsgeld war, dass Sie vorab arbeitslos waren bzw. auch Arbeitslosengeld bezogen haben.

Arbeitslohn vor der Selbstständigkeit

Anders ist der Fall aber, wenn Sie beispielsweise im Jahr der Existenzgründung vor der Arbeitslosigkeit selbst Arbeitslohn bezogen haben, der der Lohnsteuer zu unterwerfen war. Dieser Arbeitslohn einschließlich der Lohnsteuer wird bei Ihrer Einkommensteuerveranlagung mit berücksichtigt.

Arbeitslohn während der Selbstständigkeit

Ähnlich verhält es sich, wenn Sie während Ihrer Selbstständigkeit zusätzlich einer Tätigkeit als Arbeitnehmer nachgehen.

Beispiel:
Sie haben eine Malerfirma eröffnet und erzielen nun Einkünfte aus Gewerbebetrieb. Daneben sind Sie noch stundenweise bei einer Messebaufirma tätig und arbeiten auf Lohnsteuerkarte. Die Einnahmen aus dieser Tätigkeit sind Einnahmen aus nichtselbstständiger Arbeit und somit Arbeitslohn und lohnsteuerpflichtig.

Lohnsteuer für Ihre Mitarbeiter

Lohnsteuer bei Vollzeitkräften

Sofern Sie Vollzeitkräfte einstellen, fällt auf den jeweiligen Arbeitslohn Lohnsteuer an. Diese Lohnsteuer richtet sich nach der Höhe des bezogenen Lohns oder Gehalts sowie nach den persönlichen Verhältnissen des Arbeitnehmers. Der Arbeitnehmer hat Ihnen zu Beginn der Beschäftigung eine gültige Lohnsteuerkarte vorzulegen, auf der die wichtigsten Daten (Name, Anschrift, Geburtstag, Lohnsteuerklasse, Kinderfreibeträge sowie sonstige Freibeträge) ersichtlich sind.

Lohnsteuer bei Teilzeitkräften

Stellen Sie Teilzeitkräfte ein, gilt dasselbe wie bei Vollzeitkräften. Allerdings nur, wenn das Arbeitsentgelt monatlich 400 € übersteigt. Liegt es darunter, kann es Besonderheiten geben. Dies ist zum Beispiel dann der Fall, wenn Sie einen Arbeitslosen einstellen. Er darf nicht mehr als 165 € zum

Arbeitslosengeld hinzuverdienen und fällt unter die Regelung der Mini-Jobs. Dies gilt gleichermaßen für Teilzeitbeschäftigte, die unter 400 € monatlich verdienen.

Minijobs – was zählt dazu?

Die monatliche Verdienstgrenze für Minijobs beträgt maximal 400 €. Der Arbeitgeber zahlt hierfür eine Pauschalabgabe von 25 %. Davon fallen 12 % auf die Rentenversicherung, 11 % auf die Krankenversicherung. Der Rest von 2 % ist eine Pauschalsteuer. Kleinbetriebe mit bis zu 30 Arbeitnehmern sind verpflichtet, zusätzlich eine geringe Umlage für die Lohnfortzahlung im Krankheitsfall zu leisten. Für den Arbeitnehmer entstehen keine Kosten. Der Arbeitgeber hat die pauschalen Abgaben jeweils bis zum 15. des Folgemonats bei der Bundesknappschaft anzumelden und abzuführen.

Wird ein Minijob als Nebenjob neben einer versicherungspflichtigen Hauptbeschäftigung ausgeübt, bleibt der Minijob versicherungsfrei. Anders ist die Rechtslage, wenn mehrere Minijobs neben der Hauptbeschäftigung ausgeübt werden oder der Verdienst aus dem Minijob mehr als 400 €, jedoch weniger als 800 € beträgt.

▪ *Auskunft über die Mini-Jobs erteilt die Minijob-Zentrale der Bundesknappschaft (siehe Ansprechpartner, S. 122).* ▪

Umsatzsteuer

Wer eine gewerbliche oder berufliche Tätigkeit selbstständig ausübt, ist nach dem Umsatzsteuergesetz (UStG) Unternehmer. Zum Unternehmen zählt dabei die gesamte gewerbliche oder berufliche Tätigkeit des Unternehmens. Die gewerblichen oder beruflichen Tätigkeiten müssen nachhaltig und unter dem Aspekt der Einnahmenerzielungsabsicht ausgeübt werden. Als Existenzgründer erfüllen Sie diese Voraussetzungen.

Der Umsatz wird bei Lieferungen und sonstigen Leistungen nach dem Entgelt bemessen. Die Umsatzsteuer beträgt für jeden Umsatz 16 % des Entgelts. Das Umsatzsteuergesetz sieht aber auch vor, für bestimmte Lieferungen und sonstige Leistungen, einen ermäßigten Steuersatz von 7 % anzuwenden. Ihr Steuerberater wird Sie entsprechend informieren.

Kleinunternehmerregelung

Der Gesetzgeber hat eine Sonderregelung für Kleinunternehmer geschaffen. Diese besagt, dass man keine Umsatzsteuer zu zahlen hat, wenn der Gesamtumsatz im vorangegangenen Jahr 17.500 € nicht übersteigt und im laufenden Kalenderjahr 50.000 € voraussichtlich nicht übersteigen wird.

Dies bedeutet für Sie als Existenzgründer jedoch, dass Ihre Umsätze im ersten Jahr der Existenzgründung auf jeden Fall steuerpflichtig sind, sofern keine Steuerbefreiung in Frage kommt. Liegen die Umsätze im ersten Jahr unter der Grenze von 17.500 €, dann brauchen Sie nach diesem Gesetz keine Umsatzsteuer zu entrichten. Die Grenze von 17.500 € ist ein Jahresbetrag. Beginnen Sie mit der Selbstständigkeit erst während des Jahres ist dieser Betrag entsprechend umzurechnen.

Beispiel

Bea Tief eröffnete im Juli 2004 ein Studio für Webdesign. Sie tätigt Umsätze, die dem Regelsteuersatz unterliegen. Der Gesamtumsatz für den Zeitraum Juli bis Dezember 2004 betrug 6.960 €. Dieser Betrag ist zu verdoppeln, da die Umsatzgrenze für die Einstufung als Kleinunternehmer als Jahresbetrag anzusehen ist. Demnach hätte Bea Tief einen Jahresumsatz von 13.920 € und könnte sich ab dem Jahr 2005 von der Umsatzsteuer befreien lassen.

Wenn Sie als Unternehmer von dieser Regelung keinen Gebrauch machen, d. h. weiterhin Ihre Umsätze besteuern, sind Sie nach dem Gesetz mindestens fünf Jahre gebunden.

Rechnungen schreiben

Als Unternehmer bleibt es Ihnen nicht erspart, Rechnungen zu schreiben. Dies gilt auch für umsatzsteuerbefreite Kleinunternehmer. Ausnahme hierzu ist, wenn Sie nur auf Honorarbasis arbeiten und von Ihren Auftraggebern regelmäßig Honorarrechnungen oder Gutschriften erhalten. Es ist äußerst wichtig, die Anforderungen an eine Rechnung, die das Umsatzsteuergesetz verlangt, zu erfüllen.

Seit dem 1.1.2004 muss eine Rechnung die folgenden Angaben enthalten:

- Vollständiger Name und vollständige Anschrift des Leistenden (Unternehmer, der die Leistung ausführt)
- Vollständiger Name und vollständige Anschrift des Leistungsempfängers (Unternehmer, der die Leistung erhält)
- Steuernummer des Leistenden
- Ausstellungsdatum der Rechnung
- Fortlaufende Nummer der Rechnung
- Beschreibung der Lieferung oder sonstigen Leistung nach Menge, Art und Umfang
- Datum der Lieferung oder sonstigen Leistung
- Datum der Vereinnahmung von Vorauszahlungen und Teilentgelten, sofern es nicht mit dem Ausstellungsdatum der Rechnung identisch ist
- Angabe einer etwaigen Umsatzsteuerbefreiung
- Steuersatz
- Vereinbarte Entgeltminderungen, sofern sie nicht im Entgelt berücksichtigt sind
- Nach Steuersatz getrennte Nettoentgelte
- Steuerbetrag

Besonderheiten bei Kleinbetragsrechnungen

Kleinbetragsrechnungen sind Rechnungen, die über einen Rechnungsendbetrag von nicht mehr als 100 € lauten. Bei diesen Rechnungen können die folgenden Angaben wegfallen:

- Vollständiger Name und vollständige Anschrift des Leistungsempfängers
- Fortlaufende Nummer der Rechnung
- Nach Steuersatz getrennte Nettoentgelte
- Steuerbetrag

Dafür ist jedoch folgende Angabe zusätzlich erforderlich: Der nach dem Steuersatz getrennte Bruttobetrag.

Nachweis und Voraussetzung für den Vorsteuerabzug

Sind die Rechnungen ordnungsgemäß erstellt, wird Ihnen niemand Schwierigkeiten bereiten. Eine ordnungsgemäße Rechnung ist einerseits Voraussetzung für den Nachweis von Betriebseinnahmen beim Leistenden, andererseits dient sie als Nachweis von Betriebsausgaben beim Leistungsempfänger. Zudem ist eine ordnungsgemäße Rechnung Voraussetzung für den Vorsteuerabzug.

Achten Sie nicht nur darauf, dass Ihre Ausgangsrechnungen diesen Anforderungen gerecht werden, sondern auch die Rechnungen, die bei Ihnen ins Haus flattern.

Aufbewahrung von Rechnungen

Ein Doppel jeder Ausgangsrechnung, die Sie geschrieben haben, müssen Sie zehn Jahre lang aufbewahren. Gleiches gilt für die Originale der Eingangsrechnungen, die Sie erhalten haben.

Die Umsatzsteuervoranmeldung

Unternehmer sind verpflichtet, ihre Umsätze in einer Umsatzsteuervoranmeldung zu erklären. Die Umsatzsteuervoranmeldung ist ein amtlicher Vordruck, der ausgefüllt und unterschrieben binnen 10 Tagen nach Ablauf des Voranmeldungszeitraums beim Finanzamt einzureichen ist. Anzugeben sind sowohl steuerfreie als auch steuerpflichtige Umsätze. Außerdem sind die Vorsteuerbeträge aus Rechnungen von anderen Unternehmern in das Formular einzutragen.

Die Umsatzsteuervoranmeldung kann monatlich oder vierteljährlich abgegeben werden. Der Voranmeldezeitraum richtet sich nach der Höhe der Umsatzsteuerzahllast bzw. des Vorsteuerguthabens des vorangegangenen Jahres.

Existenzgründer und Umsatzsteuervoranmeldung

Jeder Existenzgründer ist verpflichtet, monatlich eine Umsatzsteuervoranmeldung abzugeben. Ausnahmen sind das Ausführen von nur steuerfreien Umsätzen oder die steuerliche Behandlung als Kleinunternehmer. Nach dem ersten Abgabejahr stellt das Finanzamt von Amts wegen fest, ob es bei einer weiteren monatlichen Abgabe bleibt oder ob umgestellt wird.

Was bedeutet Vorsteuer?

Vorsteuer ist im eigentlichen Sinne nichts anderes als Umsatzsteuer. Von Vorsteuer spricht der Steuerexperte, wenn man als Unternehmer in seinen Ausgangsrechnungen Umsatzsteuer ausweist und im Gegenzug dafür die Umsatzsteuer aus den Rechnungsbeträgen von Eingangsrechnungen gegenrechnet. Diese Umsatzsteuer aus den Eingangsrechnungen, die man von der eigenen Steuerschuld abzieht, nennt man Vorsteuer.

Umsatzsteuerzahllast bzw. Vorsteuerguthaben

Die Umsatzsteuerzahllast bzw. Umsatzsteuerschuld ist der positive Unterschiedsbetrag zwischen geschuldeter Umsatzsteuer aus den eigenen Ausgangsrechnungen und der abziehbaren Vorsteuer aus den Eingangsrechnungen.

Beispiel zur Umsatzsteuerzahllast bzw. Umsatzsteuerschuld

Sie haben im Monat September 2004 Umsätze in Höhe von 2.000 € getätigt. Die darauf entfallende Umsatzsteuer beträgt 320 €. Von anderen Unternehmern (Lieferanten) haben Sie Rechnungen über 1.000 € netto zuzüglich 160 € Umsatzsteuer erhalten. Ihre Umsatzsteuerzahllast bzw. Umsatzsteuerschuld beträgt demnach 160 €. Diesen Betrag müssen Sie an das Finanzamt abführen.

Das Vorsteuerguthaben hingegen ist der negative Unterschiedsbetrag zwischen geschuldeter Umsatzsteuer aus den eigenen Ausgangsrechnungen und der abziehbaren Vorsteuer aus den Eingangsrechnungen.

Beispiel zum Vorsteuerguthaben

Sie haben im Monat September 2004 Umsätze in Höhe von 2.000 € getätigt. Die darauf entfallende Umsatzsteuer beträgt 320 €. Von anderen Unternehmern (Lieferanten) haben Sie Rechnungen über 3.000 € netto zuzüglich 480 € Umsatzsteuer erhalten. Ihr Vorsteuerguthaben beträgt demnach 160 €. Diesen Betrag erstattet Ihnen das Finanzamt.

Mit Vorsteuerguthaben Geld verdienen?

„Schön, ich kriege sogar Umsatzsteuer vom Finanzamt zurück, bisher kannte ich das nur von der Einkommensteuer", werden Sie jetzt sagen. Entwickeln Sie dieses Prinzip bitte nicht zur Geschäftsidee. Und spielen Sie nicht mit dem Gedanken, durch Vorsteuererstattungen Ihre Liquidität zu verbessern. Bedenken Sie, dass Sie das Geld, das Sie vom Finanzamt erstattet bekommen, vorher ja schon einmal ausgegeben haben. Es ist also nichts anderes als ein durchlaufender Posten.

So manchem Unternehmer hat diese Fehleinschätzung das Genick gebrochen. Er hatte sich nur auf die Erstattungen konzentriert. Die eigentliche geschäftliche Liquidität sowie das monatliche Betriebsergebnis und der stetig sinkende Kontostand wurden außer Acht gelassen. Plötzlich kam jedoch das böse Erwachen und der Gang zum Insolvenzverwalter blieb nicht aus.

Gewerbesteuer

Gewerbesteuer fällt bei einem Gewerbebetrieb erst ab einem Gewerbeertrag von 24.500 € an. Der Gewerbeertrag deckt sich vielfach mit dem Gewinn aus Gewerbebetrieb.

Sollte Ihr Gewerbebetrieb so boomen und expandieren, dass die Grenze überschritten wird, ist ein Gespräch mit Ihrem Steuerberater angebracht. Er sollte Sie im Übrigen zuvor auf die Überschreitung der Grenze hinweisen.

Hilfreiche Vergünstigungen

Für kleinere Unternehmen – worum es sich bei den meisten Existenzgründungen handelt – gibt es zwei wichtige Regelungen: das Kleinunternehmerförderungsgesetz und das Investitionszulagengesetz.

Kleinunternehmerförderungsgesetz

Am 11.7.2003 wurde das Kleinunternehmerförderungsgesetz durch den Bundesrat verabschiedet. Ziel dieses Gesetzes war es, erhebliche Vereinfachungen und Begünstigungen für Kleinunternehmer zu schaffen. Allerdings wurden nicht alle Gesetzesvorhaben umgesetzt.

Nachfolgend erhalten Sie die wichtigsten Änderungen und deren Auswirkungen im Überblick:

- Anhebung der Buchführungspflichtgrenze auf 350.000 € Jahresumsatz. Was heißt das?
  Wenn Sie diese Umsatzgrenze überschreiten, sind Sie dazu verpflichtet, Bücher zu führen. Das bedeutet jedoch nicht, dass Sie, sofern Sie als Existenzgründer darunter liegen, jetzt alle Belege und Aufzeichnungen vernichten können. Einfach dargestellt heißt Buchführungspflichtgrenze, dass Sie nunmehr verpflichtet sind, doppelte Buchführung zu betreiben und den Gewinn durch einen Betriebsvermögensvergleich zu ermitteln. Sie sind also verpflichtet, eine Bilanz zu erstellen.
- Die Kleinunternehmergrenze wurde auf 17.500 € angehoben.

- Das Überbrückungsgeld unterliegt nicht mehr dem Progressionsvorbehalt.
- Für die Gewinnermittlung durch Gegenüberstellung von Betriebseinnahmen und Betriebsausgaben ist ein amtlicher Vordruck zu verwenden. Sofern Sie Fragen zu diesem Vordruck haben, wenden Sie sich an das zuständige Finanzamt. Hilfeleistung gibt Ihnen auch Ihr Steuerberater.
- Sonderabschreibungen für Existenzgründer sind auch im Jahr der Betriebseröffnung möglich.

Existenzgründer können nicht nur im Jahr der Anschaffung oder Herstellung eines beweglichen Gegenstandes, sondern auch in den folgenden vier Jahren neben den planmäßigen Abschreibungen Sonderabschreibungen bis zu 20 % der Anschaffungs- oder Herstellungskosten in Anspruch nehmen.

Denken Sie daran: Man kann einen Gegenstand nur einmal abschreiben. Die Sonderabschreibung ist lediglich eine vorgezogene Abschreibung und führt zu keiner Steuerersparnis.

Investitionszulagengesetz

Für kleine und mittlere Unternehmen des verarbeitenden Gewerbes und der produktionsnahen Dienstleistungen, die in den neuen Bundesländern ihren Betriebssitz haben, gibt es zudem noch eine besondere Förderung: Die Investitionszulage. Auf Anschaffung neuer, beweglicher Wirtschaftsgüter, die zum Betriebsvermögen gehören und mindestens fünf Jahre im Betrieb verbleiben, gibt es je nach Anschaffungsdatum und Höhe der Anschaffungskosten eine prozentuale Zulage. Diese ist jeweils nach Ablauf des Kalenderjahres beim zuständigen Finanzamt zu beantragen. Auskünfte zu dieser Fördermöglichkeit gibt Ihnen Ihr Steuerberater.

Sozialversicherung

Sozialversicherungen sind ein kompliziertes Thema – so denken viele. Licht in den „Dschungel" wird der folgende Abschnitt bringen.

Kranken- und Pflegeversicherung

Grundsätzlich gilt: Unternehmer, die freiberuflich oder gewerblich selbstständig tätig sind und keiner anderen nichtselbstständigen Tätigkeit nachgehen bzw. eine nichtselbstständige Tätigkeit nur im geringen Rahmen neben ihrer unternehmerischen Tätigkeit ausüben, sind nicht in der gesetzlichen Kranken- und Pflegeversicherung pflichtversichert. Sie können sich jedoch freiwillig in einer gesetzlichen Krankenkasse oder privat versichern.

Für die freiwillige Versicherung in einer gesetzlichen Krankenkasse gibt es Beitragsbemessungsgrenzen. Anhand der Beitragsbemessungsgrenze bemisst sich je nach Beitragssatz der jeweilige Beitrag. Weist der Unternehmer nach, dass sein Gewinn unter der Beitragsbemessungsgrenze lag, so ist der Gewinn maßgeblich.

Die Beitragsbemessungsgrenzen in der Kranken- und Pflegeversicherung für 2004 sind folgende:

Beitragsbemessungsgrenzen in der Kranken- und Pflegeversicherung 2004		
	monatlich	jährlich
Einkommen (Gewinn)	3.487,50 €	41.850 €

Wie kann ein Unternehmer feststellen, ob die Beitragsbemessungsgrenzen unterschritten wurden?

Maßgebend ist der jeweilige Gewinn des Vorjahres. Liegt dieser unter der Jahresbeitragsbemessungsgrenze, so wird für das laufende Jahr der Gewinn des Vorjahres als Grundlage für die Beiträge angenommen. Ist als Beitragsbemessungsgrenze nur der monatliche Betrag bekannt, so ist der jeweilige Gewinn zu zwölfteln.

Beispiel für die Berechnung der Beitragsbemessungsgrenze

Sie haben sich am 1.7.2004 selbstständig gemacht. Ihr Gewinn für den Zeitraum 1.7.2004 bis 31.12.2004 beträgt 9.000 €. Das sind monatlich 1.500 €. Sie liegen also mit Ihrem monatlichen Gewinn unter der Beitragsbemessungsgrenze von 3.487,50 €.

Wie ist die Rechtslage beim Existenzgründer? Hier ist zu unterscheiden zwischen dem Existenzgründungszuschuss (Ich-AG) und dem Überbrückungsgeld.

Krankenversicherung bei Überbrückungsgeld

Wer Überbrückungsgeld bezieht, kann wählen, ob er sich freiwillig in der gesetzlichen Krankenversicherung versichert oder einen privaten Anbieter wählt.

Zu empfehlen ist auf alle Fälle eine Vergleichsberechnung. Denn viele private Anbieter machen Ihnen die Angebote wirklich schmackhaft. Die Leckerbissen reichen von Einzelzimmer ohne Aufschlag, Chefarztbehandlung, zusätzliches Krankentage- und Krankenhaustagegeld, Zahnversicherung inklusive, Gesichts- und Schönheitsoperationen sind begünstigt, keine Wartezeiten beim Arzt usw.

Qualität und gute Leistungen haben aber auch ihren Preis. Richtig teuer kann es werden, wenn Vorerkrankungen oder chronische Erkrankungen bestehen.

In der Regel führen die privaten Anbieter einen Gesundheitscheck durch. Das heißt, Sie müssen in einem Fragebogen sämtliche Erkrankungen, Operationen, Allergien, Unfälle und deren Folgen angeben. Dann wird geprüft, ob man Sie versichert oder nicht. Haben Sie eine Vorerkrankung oder ein chronisches Leiden, gibt es drei Möglichkeiten:

- Ausschluss der jeweiligen Erkrankung aus der Versicherung

  Das würde dann bedeuten, dass Sie alle Aufwendungen im Zusammenhang mit dieser Erkrankung selbst tragen.
- Aufschlag für die jeweilige Erkrankung

  Um den vollen Leistungsumfang zu erhalten, zahlen Sie eine zusätzliche Prämie, um die Erkrankung von der Leistung nicht auszuschließen.
- Ablehnung der Versicherung

  Das Versicherungsunternehmen lehnt den Abschluss einer privaten Krankenversicherung von vornherein ab. Typische Ablehnungsgründe sind beispielsweise Schäden an Organen mit vorausgegangenen Operationen (Herz, Nieren) oder chronische Leiden.

Vorteil einer freiwilligen Versicherung in einer gesetzlichen Krankenkasse ist, dass keine Gesundheitsprüfung stattfindet. Überlegen Sie sich also, wenn Sie vor der Qual der Wahl stehen und Überbrückungsgeld beziehen, welche Variante am besten zu Ihrem persönlichen Gesundheitszustand passt. Denken Sie auch an Ihren Geldbeutel.

Krankenversicherung bei Ich-AG

Für Existenzgründer, die einen Existenzgründungszuschuss erhalten, besteht für die Dauer des Bezugs des Zuschusses die Pflicht, sich freiwillig in der gesetzlichen Krankenversicherung zu versichern.

Die maximale Dauer der Pflicht zur freiwilligen Versicherung in der gesetzlichen Krankenkasse beträgt demnach drei Jahre. Danach hat der Ich-AGler die gleichen Rechte wie jeder andere Unternehmer auch. Eine Besonderheit ist, dass die Beiträge während der Dauer der Förderung ermäßigt sind.

Berechnung der Kranken- und Pflegeversicherung bei Existenzgründungszuschuss

Bezieher von Existenzgründungszuschüssen werden nach einer gesetzlichen Mindestbeitragsbemessungsgrenze von 1.207,50 € eingestuft. Es kommt nun darauf an, welcher gesetzlichen Krankenkasse Sie angehören, wie deren Beitragssätze gestaltet sind und ob Sie Krankengeld im Krankheitsfall beziehen möchten.

Beispiel

Sie haben eine Ich-AG gegründet und sind in der gesetzlichen Krankenversicherung freiwillig versichert. Die Mindestbeitragsbemessungsgrenze beträgt 1.207,50 €. Ihre Krankenkasse hat folgende Beitragssätze: 13,8 % ohne Anspruch auf Krankengeld, 14,7 % mit Anspruch auf Krankengeld ab dem 43. Tag (7. Woche) und 15,9 % mit Anspruch auf Krankengeld ab dem 22. Tag (3. Woche).
Sie entscheiden sich für die Variante Krankengeld ab dem 43. Tag, d. h. Ihr Beitrag beträgt 14,7 % von 1.207,50 € = 166,64 €. Der allgemein gültige Beitragssatz für die Pflegeversicherung beträgt 1,7 %. Das heißt, Sie zahlen 1,7 % von 1,207,50 € = 20,52 €.

Diese Begünstigung können Existenzgründer maximal drei Jahre in Anspruch nehmen. In der Regel verlangt die Krankenkasse einen Nachweis über die Bewilligung des Existenzgründungszuschusses.

Wenn der Anspruch auf Existenzgründungszuschuss wegfällt

Wird im zweiten oder dritten Jahr der Zuschuss gestrichen, weil die Einkommensgrenze im jeweiligen Vorjahr überschritten wurde, hat der Ich-AGler folgende Wahl: Er versichert sich in der privaten Krankenversicherung oder er bleibt weiterhin freiwilliges Mitglied in der gesetzlichen Krankenversicherung. Bleibt er freiwilliges Mitglied, wird entweder die Beitragsbemessungsgrenze herangezogen oder bei Nachweis sein tatsächliches Einkommen (Gewinn).

Überblick

Die folgende Übersicht fasst die wichtigsten Regeln zur Krankenversicherung zusammen. Achten Sie auf die jeweils unterschiedlichen Bestimmungen beim Existenzgründungszuschuss und dem Überbrückungsgeld:

Krankenversicherung	**Ich-AG**	**Überbrückungsgeld**
Freiwillig gesetzliche Kasse	Pflicht (während der Förderdauer)	Wahl
Privat	Wahl (nach Ablauf der Förderung)	Wahl
Beitragsbemessungsgrenze gesetzliche Kasse	1.207,50 € (während der Förderdauer) 3.487 € oder tatsächliches Einkommen (nach Ablauf der Förderung)	3.487,50 € oder tatsächliches Einkommen
Beitrag gesetzliche Kasse	Abhängig von Krankenkasse und Satz	Abhängig von Krankenkasse und Satz
Beitrag private Kasse	Abhängig von Kasse und Leistungsumfang	Abhängig von Kasse und Leistungsumfang

Rentenversicherung

Grundsätzlich gilt: Unternehmer, die freiberuflich oder gewerblich selbstständig tätig sind und keiner anderen nichtselbstständigen Tätigkeit nachgehen bzw. eine nichtselbstständige Tätigkeit nur im geringen Rahmen neben ihrer unternehmerischen Tätigkeit ausüben, sind nicht in der gesetzlichen Rentenversicherung pflichtversichert. Sie können sich jedoch privat absichern. Zur Rentenversicherung gibt es zahlreiche Ausnahmen und Sonderfälle. Auskünfte geben Ihnen die örtlichen Beratungsstellen der LVA/BfA bzw. die berufsständischen Versorgungswerke.

Wie ist die Rechtslage beim Existenzgründer?

Hier ist zu unterscheiden zwischen dem Existenzgründungszuschuss und dem Überbrückungsgeld.

- Beziehen Sie Überbrückungsgeld haben Sie nicht die Pflicht, sich in der gesetzlichen Rentenversicherung zu versichern. Sie können sich privat versichern, müssen dies jedoch nicht tun.
- Wenn Sie den Existenzgründungszuschuss beziehen, haben Sie die Pflicht, sich in der gesetzlichen Rentenversicherung während der Dauer des Bezuges der Förderung zu versichern. Allerdings ist die Pflichtversicherung von beruflichen Merkmalen abhängig. Auskünfte dazu erhalten Sie von den berufsständischen Kammern.

Nicht beitragspflichtig war für Ich-AGler bisher die selbstständige oder gewerbliche Tätigkeit, wenn der Tatbestand der Geringfügigkeit vorlag. Eine Befreiung von der Rentenversicherungspflicht kam dann in Frage, wenn im Jahr der Existenzgründung ein monatlicher Gewinn von unter 400 € oder gar Verluste erzielt wurden.

Ab 01.08.2004 müssen auch geringfügig tätige Bezieher von Existenzgründungszuschüssen Beiträge zur gesetzlichen Rentenversicherung entrichten. Die Versicherungsfreiheit wegen Geringfügigkeit fällt ab diesem Zeitpunkt weg. Diese Änderung wurde mit dem Rentenversicherungs-Nachhaltigkeitsgesetz beschlossen. Als Pflichtbeitrag muss dann ab 01.08.2004 der Mindestbeitrag in Höhe von 78,00 € bezahlt werden.

Das Problem der Scheinselbstständigkeit

Wer Existenzgründungszuschüsse bezieht ist für die Dauer des Bezugs in der Rentenversicherung pflichtversichert. Allerdings belaufen sich die Beiträge während des Bezugs eines solchen Zuschusses auf nur 50 % der jeweiligen Bezugsgröße. Das sind in den neuen Bundesländern 197,93 € und in den alten Bundesländern 235,46 €. Viele Ich-AGler haben meistens zu Beginn der Existenzgründung nur einen oder zwei Auftraggeber. Durch diese Pflichtversicherung entfällt die Problematik der Scheinselbstständigkeit.

Arbeitslosenversicherung

Vor der Existenzgründung waren Sie arbeitslos gemeldet und haben Lohnersatzleistungen, wie beispielsweise Arbeitslosengeld, bezogen. Aufgrund des Bezugs dieser Lohnersatzleistungen waren Sie, wie jeder Arbeiter oder Angestellte auch, gesetzlich in der Arbeitslosenversicherung versichert. Wie verhält es sich mit Existenzgründern? Sowohl die Bezieher von Existenzgründungszuschüssen als auch die Bezieher von Überbrückungsgeld sind nicht mehr in der Arbeitslosenversicherung versicherungspflichtig.

Unfallversicherung und Berufsgenossenschaft

Die Berufsgenossenschaften sind Träger der gesetzlichen Unfallversicherung. Aufgabe der Berufsgenossenschaften ist es, Arbeitsunfälle, Berufskrankheiten sowie Gesundheitsgefahren zu verhüten. Im Falle von berufsbedingten Versicherungsfällen erbringt die Berufsgenossenschaft entsprechende Leistungen. Dies können die Übernahme von Heilbehandlungen, die Zahlung von Verletztengeld oder einer Verletztenrente sein.

Gesetzliche Unfallversicherung für Unternehmer

Eine Versicherung in der gesetzlichen Unfallversicherung ist mit Aufnahme der selbstständigen und gewerblichen Tätigkeit nicht mehr Pflicht. Als Existenzgründer können Sie sich jedoch freiwillig nach § 6 SGB VII in der gesetzlichen Unfallversicherung oder privat versichern. Die Höhe der Beiträge richtet sich nach der Gefahrenklasse, der Versicherungssumme sowie einem bestimmten Beitragsfuß.

Gesetzliche Unfallversicherung für Beschäftigte

Die Pflichtversicherung für Beschäftigte tritt mit Aufnahme der Tätigkeit in Ihrem Unternehmen ein. Sie sind als Unternehmer verpflichtet, sämtliche Beschäftigte, also auch Teilzeitkräfte sowie Auszubildende der Berufsgenossenschaft zu melden. Nachdem Sie Ihr Gewerbe angemeldet haben, werden die Daten der Gewerbeanmeldung automatisch an die jeweilige für Sie zuständige Berufsgenossenschaft weitergeleitet. Sie erhalten daraufhin einen Fragebogen zu Ihrem Unternehmen. Diesen sollten Sie nach bestem Wissen und Gewissen ausfüllen und an die Berufsgenossenschaft zurückschicken.

Wenn die Selbstständigkeit zu scheitern droht

Jeder Unternehmer geht ein Risiko ein. Machen Sie nicht den Fehler, vor einer drohenden Krise den Kopf in den Sand zu stecken. Wenn Sie rechtzeitig reagieren, besteht die Chance, das Ruder noch einmal herum zu reißen. Und wenn es doch schief geht: Je früher Sie handeln, desto besser können Sie den Schaden begrenzen.

Was kommt nach der Förderung?

Seit geraumer Zeit betreiben Sie jetzt Ihr Geschäft. Die Förderung half Ihnen dabei, die schwierige Startphase zu meistern. Doch der Zeitpunkt, an dem die Zahlungen der Zuschüsse enden, rückt näher. Ist es Ihnen gelungen, Ihr Unternehmen so gut aufzubauen, dass Sie die Zeit „danach" aus eigener Kraft bewältigen können?

Beziehen Sie Überbrückungsgeld, sollten Sie es innerhalb eines Zeitraums von sechs Monaten geschafft haben, dass der Laden läuft und Sie danach ohne finanzielle Hilfe des Staates von Ihren Einnahmen leben können. Erhalten Sie einen Existenzgründungszuschuss dauert die Förderung maximal drei Jahre, sofern Sie in den ersten beiden Jahren die Einnahmen-Grenze von 25.000 Euro nicht überschritten haben.

Rechtzeitig reagieren

Von den Einnahmen leben heißt, dass Sie sowohl Ihr Geschäft erfolgreich führen als auch sämtliche privaten Kosten davon bestreiten können. Mit privaten Kosten sind nicht nur die Aufwendungen für die private Unterkunft (Miete oder Kredit für Eigenheim/Eigentumswohnung), für Strom, Gas, Wasser, Telefon und die private Absicherung gemeint. Der Kühlschrank sollte regelmäßig gefüllt sein, das Auto muss zum TÜV oder Sie benötigen gar einen neuen Wagen.

Außerdem haben Sie noch Bedürfnisse: Sie möchten einmal ein Konzert besuchen oder ins Theater gehen. Auch die

Mode will bedient sein. Endlich wollen Sie wieder einmal Urlaub, bei dem Sie sich entspannen und Energie tanken können. Doch ist hierfür das „nötige Kleingeld" da? Dies sind alles Dinge, die Sie bereits vorab in Ihre Überlegungen einbeziehen sollten. Sie kalkulieren also von Anfang an so, dass Sie nicht unbedingt auf die finanzielle Hilfe des Staates angewiesen sind.

Setzen Sie Ihre unternehmerische Spürnase von Anfang an voll und ganz ein. Entwickeln Sie Strategien, wie Sie neue Ideen in die Tat umsetzen und wie Sie neue Kunden gewinnen. Achten Sie darauf, immer Stift und Notizblock oder ein Diktiergerät bei sich zu haben, denn meistens kommen die Einfälle dann, wenn man gerade nicht am Schreibtisch oder in der Werkstatt ist. Legen Sie Wert auf Kommunikation mit Geschäftspartnern, Freunden, Familie. Erfahrungsgemäß ergeben sich neue Kontakte durch Gespräche. Mundpropaganda ist die beste Werbung und kostet (fast) nichts.

Werden Sie aktiv

Wenn Sie selbst merken, dass plötzlich monatlich mehr Geld vom Konto abgebucht wird als Zahlungen eingehen, sollte Sie dies schon stutzig machen. Warten Sie nicht zu lange, konsultieren Sie fachkundige Stellen (siehe Ansprechpartner, S. 122). Bitten Sie um Rat und Hilfe. Lassen Sie sich jeden Monat das Betriebsergebnis von Ihrem Steuerberater erläutern. Bitten Sie ihn um eine realistische Einschätzung. Nur so können Sie rechtzeitig handeln und vermeiden, dass Ihre Selbstständigkeit scheitert.

Sobald Sie merken, dass mit Ihrem Geschäft etwas nicht stimmt, sollten Sie die Gründe rechtzeitig analysieren und Lösungen suchen. Stellen Sie beispielsweise fest, dass die Aufträge ausbleiben, sollten Sie sich Gedanken über eventuelle Werbemaßnahmen (Sonderangebote, -aktionen) machen oder auch nach neuen Absatzmärkten suchen. Eventuell stellt sich auch die Frage nach einer Sortimentsumstellung sowie einer anderen Preiskalkulation.

Krisenbewältigung – der Laden läuft nicht, was tun?

Ihr Unternehmen droht, schief zu gehen, die Realität entspricht nicht den Erwartungen. Aufträge platzen wie Seifenblasen in der Luft. Kunden zahlen nicht. Was passiert, wenn Sie zu allem Überfluss auch noch krank werden? Was wird dann aus Ihrem Geschäft? Was wird mit der Familie? Zugegeben, das Szenario klingt düster, aber so manchem Existenzgründer ist es nicht fremd.

Nur keine Panikattacken

Wenn es kriselt, sollten Sie nicht in Panik verfallen. Es nützt nichts, wenn Sie voller Rage Ihren Kunden drohen oder gar Ihre Arbeitsleistung zerstören. Es soll vorgekommen sein, dass ein Fliesenleger aus Empörung über die Zahlungsmoral seines Kunden die Fliesen wieder von der Wand gelöst hat. Das bringt nicht viel. Genauso wenig hilft es, wenn Sie sich über die unglücklichen Umstände, die die Krise heraufbeschworen haben, aufregen. Sie müssen selbst aktiv werden, um das Ruder in eine andere Richtung zu bewegen.

Versuchen Sie auch in Krisenzeiten ruhig zu bleiben. Selbst wenn es schwer fällt.

Selbstkritik ist angesagt

Analysieren Sie sich und Ihr Unternehmen. Seien Sie dabei sehr kritisch. Nehmen Sie sich Ihre bisherigen Buchführungen zur Hand. Analysieren Sie selbst Einnahmen und Ausgaben. Kalkulieren Sie nach. Zu empfehlen ist auch ein Fragenkatalog, den Sie Schritt für Schritt abarbeiten. So könnte Ihr Fragenkatalog aussehen:

Checkliste: Krisenanalyse

- Woran kann es liegen, dass die Erträge die Aufwendungen übersteigen?
- Bin ich zu teuer?
- Verkaufe ich mich unter dem Wert?
- Habe ich nicht richtig kalkuliert?
- Stimmt etwas mit der Qualität nicht?
- Bin ich zu langsam bei der Ausführung der Aufträge?
- Warum bleiben die Kunden aus?
- Warum wechseln die Kunden zur Konkurrenz?
- Wie ist meine Umgangsweise mit den Kunden?
- Bin ich zuverlässig genug?

- Was kann ich verbessern?
- Habe ich mich finanziell verausgabt?

Hilfe vom Fachmann

Wenn Sie selbst des Rätsels Lösung nicht finden oder Fragen haben, sollten Sie sich der Hilfe eines Fachmanns bedienen, entweder Ihres Steuerberaters oder eines Existenzgründerberaters bei der IHK oder anderen Stellen (siehe Ansprechpartner, S. 122). Er wird mit Ihnen gemeinsam ein Konzept ausarbeiten und Ihnen aus der Krise helfen. Wichtig ist aber, dass Sie sich an das Konzept halten. Ansonsten nützt Ihnen jeder gut gemeinte Ratschlag nichts. Werfen Sie nicht gleich die Flinte ins Korn. Treffen Sie keine unüberlegten Entscheidungen. Ein klärendes Gespräch führt oft eher zum Erfolg.

Fallstrick Neuverschuldung

Viele Unternehmer meinen, dass sie mit einer Kreditaufnahme kurzfristig wieder „flüssig" sind. Grundsätzlich ist das richtig. Allerdings eben nur kurzfristig. Kredite kosten Geld, viel Geld. Dieses Geld muss erst erarbeitet werden. Meist führt die Neuverschuldung noch mehr in die Krise oder gar in die Insolvenz.

- *Besprechen Sie die Absicht einer erneuten Kreditaufnahme mit Ihrer Hausbank. Oft gibt es andere Mittel und Wege der kurzfristigen Liquiditätsbeschaffung.*

Die zehn größten Pleitefallen

Vor Insolvenz ist niemand sicher. Nicht einmal die ganz großen Unternehmen. Paradebeispiele sind die Vulkan-Werft, der Phillipp-Holzmann-Konzern, Herlitz, Babcock-Borsig oder Kirch. Es gibt sicherlich viele Gründe, die Auslöser für Zahlungsschwierigkeiten sind und Schritt für Schritt das Aus bedeuten. Für Sie als Unternehmer gelten die folgenden Fehler als Pleitefallen:

- Auftragsflaute über längere Zeit
- Sehr schlechte Zahlungsmoral
- Großkunden gehen in Insolvenz
- Falsche Kalkulation
- Falsches Finanzierungskonzept
- Privat geht vor Geschäft
- Keine Flexibilität gegenüber Marktveränderungen
- Fehleinschätzung Konkurrenz
- Branchenniedergang territorial
- Mangel unternehmerischen Denkens

Gehen Sie die Pleitefallen durch und notieren Sie sich Fragen und deren Lösung. Nehmen Sie sich den Fragenkatalog „Sind Sie ein Unternehmertyp?" (siehe S. 19) zu Hilfe.

Hilfreich ist es oftmals, wenn Sie mit anderen Unternehmern sprechen, die in der gleichen Lage sind oder waren. Diese können oftmals auf Erfahrungen zurückblicken und Ihnen den einen oder anderen nützlichen Hinweis geben.

Neben den genannten wirtschaftlichen Faktoren, spielt auch Ihre Privatsphäre eine sehr wichtige Rolle. Harmonie in Partnerschaft und Familie sind oftmals Voraussetzungen für beruflichen Erfolg. Versuchen Sie, private Sorgen und Nöte einzuschränken. Suchen Sie das Gespräch mit Partner und Familie, gegebenenfalls mit Hilfe eines Psychologen.

Wenn die Selbstständigkeit scheitert

Wenn Ihr Unternehmen scheitert, gibt es für Sie eigentlich nur zwei Varianten:

- Sie schaffen den Absprung rechtzeitig ohne Insolvenz oder
- Sie melden Insolvenz an.

Beide Möglichkeiten sind nicht gerade angenehm und erfordern zahlreiche Einschränkungen in finanzieller Hinsicht.

Ohne Insolvenz

Wenn Sie den Absprung rechtzeitig schaffen, kommen Sie voraussichtlich mit einem blauen Auge und einem kleinen Schuldenberg davon, finden wieder eine Anstellung und zahlen step by step Ihre Schulden ab. Vielleicht sind Sie ja sogar motiviert, aus Ihren Fehlern zu lernen und nach einiger Zeit erneut den Versuch zu wagen, sich wieder auf eigene Füße zu stellen. Vielleicht haben Sie aber auch genug Erfahrungen gemacht und leben als Angestellter in ruhigen, geordneten und finanziell sicheren Verhältnissen besser.

Sie melden Insolvenz an

Ein Insolvenzverfahren ist ein langwieriger Prozess. Abgewickelt wird das Verfahren durch einen Insolvenzverwalter. Dieser verschafft sich einen Überblick über Ihre gesamte Vermögens- und Finanzlage zum Zeitpunkt der Anmeldung der Insolvenz. Er analysiert den Geschäftsverlauf der Vergangenheit und stellt fest, welche Beträge für Sie noch zu holen sind und welche Zahlungsverpflichtungen Sie noch offen haben. Er wird sich zudem über Ihre Auftragslage informieren.

Sieht der Insolvenzverwalter keine Gründe für eine Weiterführung, so wird er Ihnen vorschlagen, die Firma zu liquidieren. Sieht er Chancen für eine Unternehmenszukunft, wird er ein Konzept zur Fortführung des Unternehmens mit Ihnen ausarbeiten. Sind Sie gewillt, das Unternehmen nach dem neuen Konzept weiterzuführen, sollten Sie sich streng an die Regeln halten, um nicht wieder in die nächste Pleitefalle zu geraten.

Schuldnerberatung

Gleichwohl, ob Sie Ihr Geschäft einstellen oder es fortführen wollen, ist es ratsam die Hilfe einer Schuldnerberatung in Anspruch zu nehmen. Schuldnerberatungsstellen gibt es nahezu in jeder Kleinstadt. Die Mitarbeiter einer solchen Beratungsstelle sind sehr fachkompetent. Sie nehmen sich Zeit, analysieren Ihre finanzielle Lage und arbeiten gemeinsam mit Ihnen einen Plan aus, der sie aus der finanziellen Krise bringen soll.

Natürlich sollten Sie nicht erst richtig aktiv werden, wenn das Schiff schon zu sinken beginnt. Dann ist es meist fast zu spät. Aber selbst wenn der Laden nicht mehr läuft, sollten Sie daran arbeiten, etwas zu ändern. Lassen Sie jetzt nicht alles schleifen. Taten sind gefragt. Nehmen Sie sämtliche Unterlagen mit zur Schuldnerberatung. Das hilft Ihnen und auch den Beratern weiter und so kann genau analysiert werden, welche Zahlungsverpflichtungen Sie unbedingt einhalten müssen und welche gestundet oder in Raten beglichen werden können.

Wie das Arbeitsamt hilft

Wunder können Sie nicht erwarten. Dennoch sollten Sie den Gang ins Arbeitsamt nicht scheuen. Sprechen Sie mit Ihrem Berater oder Vermittler. Erklären Sie ihm die Situation. Unter Umständen haben sie sogar noch Anspruch auf Arbeitslosengeld. Über Höhe und Dauer wird Sie Ihr Berater informieren.

Selbst wenn es kein Arbeitslosengeld mehr gibt, kann Ihnen der Berater vielleicht einen Job vermitteln. Auch wenn Ihnen die angebotene Tätigkeit nicht „schmeckt", sollten Sie diese vorerst annehmen. Der Vorteil ist, dass Sie dabei neue Kontakte knüpfen können und sich daraus vielleicht ein neues Arbeitsverhältnis ergibt, das Ihnen gefällt. Gegebenenfalls entwickeln Sie auch eine neue Geschäftsidee. Sprechen Sie mit Ihrem Arbeitsberater darüber, ob Ihr bisheriger Beruf noch „marktfähig" ist oder ob eine Umschulung machbar wäre.

Überstürzen Sie nichts, nehmen Sie sich Zeit und denken Sie in Ruhe darüber nach, was gut für Sie ist und was Sie möchten. Setzen Sie Prioritäten. Denken Sie darüber nach, ob eine Anstellung für Sie in Frage kommt oder ob Sie als Unternehmer noch einmal neu anfangen. Möglicherweise können Sie von Ihren Erfahrungen profitieren und, falls Sie den Mut dazu aufbringen, erneut den Schritt in die Selbstständigkeit wagen. Ein Neustart kann ein Weg aus der Krise sein.

Ansprechpartner und Adressen

Nützliche Internet Adressen

Bundesministerien und -ämter:

- Bundesministerium für Wirtschaft und Arbeit:
  www.bmwa.bund.de
  www.existenzgruender.de
  www.bmwi-softwarepaket.de
- Bundesagentur für Arbeit: www.arbeitsagentur.de
- Bundesagentur für Außenwirtschaft: www.bfai.de
- Statistisches Bundesamt: www.destatis.de
- Finanzamt: www.finanzamt.de

IHK und Handwerkskammern:

- Industrie- und Handelskammer: www.dihk.de
- Zentralverband des Deutschen Handwerks: www.zdh.de; www.bis-handwerk.de

Existenzgründerverbände und -initiativen:

- Bundesweite Gründerinnenagentur:
  www.gruenderinnenagentur.de
- www.gruenderservice.de

Nützliche Adressen

BVBC
Bundesverband der Bilanzbuchhalter und Controller e.V.
Bundesgeschäftsstelle Bonn
Postfach 2655
53016 Bonn
Tel.: 02 28/9 63 93-0
www.bvbc.de

Bundesverband der Freien Berufe
Reinhardtstr. 34
12103 Berlin
0 30/28 44 44-0
www.freie-berufe.de

Bundesverband Deutscher Unternehmensberater e.V.
Kronprinzendamm 1
10711 Berlin
Tel. 0 30/8 93 10 70
www.bdu.de

Vereinigung beratender Betriebs- und Volkswirte e.V.
Holstenstr. 1
Tel. 0 41 21/2 52 52
www.vbv.de

Bundesverband der Wirtschaftsberater BVW e.V.
Lerchenweg 14
53909 Zülpich
Tel. 0 22 52/8 13 61
www.bvb-ev.de

Senior Experten Service
Buschstr. 2
53113 Bonn
Tel. 02 28/2 60 90-0
www.ses-bonn.de

Die Wirtschafts-Senioren
Bundesarbeitsgemeinschaft ALT HILFT JUNG e.V
Kennedyallee 62-70
53175 Bonn
Tel. 02 28/3 77 12 57
www.althilftjung.de

KfW Kreditanstalt für Wiederaufbau
Palmengartenstraße 5-9
60325 Frankfurt/Main
Tel.: 0 69/7 43 10
www.kfw-mittelstandsbank.de

Arbeitsgemeinschaft Deutscher Technologie- und Gründerzentren e.V.
Rudower Chausee 29
12489 Berlin
Tel. 0 30/63 92 62 21
www.adt-online.de

Deutscher Franchise Verband e.V.
Paul-Heyse-Str. 33
80336 München
Tel.: 0 89/5 30 71 40
www.dfv-franchise.de

Sozialversicherung

BfA Bundesversicherungsanstalt für Angestellte
10704 Berlin
Tel.: 0 30/8 65-1

LVA
Die Landesversicherungsanstalten der einzelnen Länder sind in den örtlichen Telefonbüchern zu finden.

Künstlersozialkasse bei der Unfallkasse des Bundes
26380 Wilhelmshaven
Tel.: 0 44 21/75 43-0
www.kuenstlersozialkasse.de

Bundesknappschaft Minijobzentrale
45115 Essen
E-Mail: minijob@minijob-zentrale.de
Servicecenter Cottbus:
Tel.: 0 80 00/20 05 04 (gebührenfrei)
www.minijob@minijob-zentrale.de

Stichwortverzeichnis